藏传佛教寺院常见佛像
汉藏英简明介绍

བོད་བརྒྱུད་ནང་བསྟན་གྱི་རྒྱུན་མཐོང་སྐུ་བརྙན་མཚམས་སྦྱོར་བསྡུས་གསལ།

尼玛普赤/编著　伍金加参/藏文翻译

ཉི་མ་བུ་ཁྲིད་ཀྱིས་རྩོམ་སྒྲིག་བྱས། ཨོ་རྒྱན་རྒྱལ་མཚན་གྱིས་བོད་ཡིག་ཏུ་བསྒྱུར།

唐卡绘制：夏鲁旺堆唐卡工作室 夏鲁旺堆 巴旺

ཐང་ག་བཞེངས་མཁན། ཞ་ལུ་དབང་འདུས། པ་དབང་།

西藏人民出版社

བོད་ལྗོངས་མི་དམངས་དཔེ་སྐྲུན་ཁང་།

图书在版编目（CIP）数据

藏传佛教寺院常见佛像汉藏英简明介绍 ： 汉文、英文、藏文 / 尼玛普赤编著. -- 拉萨 ： 西藏人民出版社，2025.2
ISBN 978-7-223-06954-0

Ⅰ. ①藏… Ⅱ. ①尼… Ⅲ. ①藏传佛教—寺院—佛像—介绍—中国—汉、英、藏 Ⅳ. ①B947.2②B949.92

中国版本图书馆CIP数据核字(2021)第177360号

藏传佛教寺院常见佛像汉藏英简明介绍

编　　著	尼玛普赤
藏文翻译	伍金加参
责任编辑	才让多杰
责任校对	旦增顿珠
封面设计	李　峰
责任印制	扎西桑珠
出版发行	西藏人民出版社（拉萨市林廓北路 20 号）
印　　刷	西藏福利印刷厂
开　　本	787×960　1/16
印　　张	8.25
字　　数	76 千字
版　　次	2025 年 5 月第 1 版
印　　次	2025 年 5 月第 1 次印刷
印　　数	01-2,000
书　　号	ISBN 978-7-223-06954-0
定　　价	38.90 元

前　言

雪域高原特有的自然风光和人文历史吸引了国内外众多游客，西藏藏传佛教名胜古迹也因其所承载的文化、历史、宗教、艺术等多方面的深厚底蕴而成为一项重要旅游资源。对于普通游客来说，藏传佛教寺院中壁画、雕塑、唐卡等艺术作品是较为直观的、有冲击力的，生动传达着丰富的宗教文化内涵、悠久的地域历史和独特的民族审美。这些艺术作品中的“主角”——神佛、历史人物，就成为游客进一步了解西藏的重要切入点。

鉴于此，作者阅读了大量与藏传佛教造像艺术有关的汉藏文书籍，并前往有名望的藏传佛教名胜古迹实地学习，从而编写成本书，以汉藏英三语、图文并茂形式，对藏传佛教寺院造像中常见的40位神佛、历史人物进行了简明介绍，其中包括神佛、历史人物在藏传佛教及西藏历史中的功绩、意义，以及手势、姿态、法器、着装等来辨认和区分这些神佛、历史人物的知识。希望本书有助于西藏导游从业人员更好开展工作；国内外读者加深对西藏文化的了解；广大群众正确了解本民族文化内涵。

在此，衷心感谢在本书编写过程中给予帮助的同事、朋友和学生们。尤其感谢西藏大学经济与管理学院尼玛博士和外国语学院白玛曲珍副教授提供很有价值的建议和参考资料；感谢外国语学院落桑旺秋博士校订汉文部分内容；感谢西藏大学学生仓旦吉姆、牛敬、杨启能、尼玛拉姆、贡布次旦帮助走访调查和收集资料。没有他们的帮助，这本书不会这么顺利地编写完成。

由于作者的知识水平及参考的资料有限，本书内容难免有不妥之处，希望读者批评指正。

尼玛普赤

二〇二四年十一月

Foreword

The unique natural scenery and cultural history of Xizang have attracted numerous tourists from both home and abroad. The historical sites, with their profound cultural significance in history and art, have become an important tourist resource. For the average visitor, the murals, sculptures, Thangka paintings, and other artistic works found within these historical sites are more intuitive, and vividly convey a wealth of religious connotations, long regional histories, and unique ethnic aesthetics. Deities and historical figures in these artworks serve as crucial point of penetration for tourists to further understand Xizang.

In light of this, the author has read a large number of books related to Tibetan Buddhist iconography and has visited famous Tibetan historical sites for on-site study. This led to the compilation of this book, which provides a concise introduction to 40 common deities and historical figures, presented in Chinese, Tibetan, and English with illustrations. The book includes the achievements and significance of these deities and historical figures in Tibetan Buddhism and Tibetan history, as well as how to identify and differentiate them through gestures, postures, ritual objects, and attire in artistic works. It is hoped that this book will aid Tibetan tour guides in their work, deepen readers' understanding of Tibetan culture, and enable Tibetan people to correctly understand their own culture.

Here, I am deeply grateful to colleagues, friends, and students from Xizang University for their assistance during the compilation of this book. I would like to express my special gratitude to Dr. Nyima from the School of Economics and Management and Associate Professor Pema Chodren from the School of Foreign Languages and Cultures for their valuable suggestions and references, and to Dr. Lobsang Wangchuk from the School of Foreign Languages and Cultures for proofreading the Chinese content. I would also like to appreciate Xizang University students Tsangten Kyimo, Niu Jing, Yang Qineng, Nyima Lhamo, and Gonpo Tseten for their help in conducting field research and collecting data. Without their assistance, this book would not have been completed so smoothly.

Due to the author's limited knowledge and reference materials, any inaccuracies in this book are open to critique and correction by readers.

Nyima Puchi

School of Foreign Languages and Cultures, Xizang University

November, 2024

གླེང་གཞི།

བསིལ་ལྗོངས་ལྷ་ན་སྡུག་པའི་སྣོད་བཅུད་ཆགས་ཚུལ་དང་མི་ལོ་ཁྲི་ཡི་ངོ་མཚར་ཆེ་བའི་རིག་གནས་ཀྱིས་འཛམ་གླིང་ས་ཕྱོགས་ཁག་ནས་ཕེབས་པའི་ཡུལ་སྐོར་བ་རྣམ་པའི་ཡིད་ཀྱི་བརྟན་པ་དབང་མེད་དུ་འཕྲོག་ཅིང་། བོད་བརྒྱུད་ནང་བསྟན་གྱི་དགོན་སྡེ་ཁག་གི་ཆོས་ལུགས་དང་ལོ་རྒྱུས། སྒྱུ་རྩལ་རིག་གནས་སོགས་ནི་ཡུལ་སྐོར་གྱི་ཐོན་ཁུངས་གཙོ་བོ་ཞིག་ཏུ་གྱུར་ཡོད། ལྷག་དོན་དུ་ཡུལ་སྐོར་བ་རྣམས་ཀྱིས་བོད་བརྒྱུད་ནང་བསྟན་གྱི་དགོན་སྡེའི་ལྡེབས་རིས་དང་སྐུ་བརྙན། གོས་ཐང་བཅས་ལ་ངོ་ཁུར་དང་བག་ཆགས་ཟབ་མོ་བྱུང་ཡོད་ཅིང་། དེ་དག་གིས་ཆོས་ལུགས་རིག་གནས་ཀྱི་སྙིང་དོན་དང་ཕུ་ཐག་རིང་བའི་ས་གནས་ལོ་རྒྱུས། དེ་བཞིན་ཐུན་མོང་མ་ཡིན་པའི་ས་སྐྱེས་རྗེ་སྐྱེས་ཀྱི་མི་རིགས་མཛེས་དཔྱོད་ལྟ་བ་སོགས་མངོན་ཐུབ་པས། སྒྱུ་རྩལ་བརྩམས་ཆོས་ཁྲིད་ཀྱི་ལྷ་དང་སངས་རྒྱས། ལོ་རྒྱུས་མི་སྣ་བཅས་ནི་ཡུལ་སྐོར་བས་གངས་ཅན་ཡུལ་ལ་རྒྱུས་མངའ་ལེན་པའི་སྐར་ཁུང་ལྟ་བུར་གྱུར་ཡོད།

དེས་ན། རྩོམ་པ་པོས་རྒྱལ་ཕྱི་ནང་གི་བོད་བརྒྱུད་ནང་བསྟན་གྱི་སྐུ་བརྙན་སྐོར་གྱི་འབྲེལ་ཡོད་དཔྱད་གཞིའི་ཡིག་ཆ་གང་མང་ལྟ་ཀློག་དང་། ལྷ་ལྡན་ཡུལ་དུ་ཆགས་པའི་གྲགས་ཅན་གྱི་དགོན་སྡེ་ཁག་ལ་ས་གནས་དངོས་ཀྱི་རྟོག་ཞིབ་བྱས་ཏེ་《བོད་བརྒྱུད་ནང་བསྟན་གྱི་རྒྱུན་མཐོང་སྐུ་བརྙན་མཚམས་སྦྱོར་བསྡུས་གསལ》ཞེས་པའི་དེབ་ཆུང་དེ་རྩོམ་སྒྲིག་བྱས་ཡོད། དེ་ནི་རྒྱ་བོད་དབྱིན་གསུམ་ཤན་སྦྱར་གྱི་སྐད་གཞིའི་སྟེང་སྒྱུ་རྩལ་གྱི་རི་མོ་དང་ཟུང་འབྲེལ་བྱས་ནས་ཁྲིད་བསྒོམས་སྐུ་བརྙན་དང་ལོ་རྒྱུས་མི་སྣ་༤༠ཙམ་ངོ་སྤྲོད་མདོར་བསྡུས་དང་སྒྲིགས་དེ་དག་གིས་ཆོས་ལུགས་དང་ལོ་རྒྱུས་ཐད་བཞག་པའི་མཛད་འཕྲིན། དེ་བཞིན་དོན་སྙིང་ལྡན་པའི་མཚོན་བྱེད་བཅས་ངོ་སྤྲོད་རགས་བསྡུས་བྱས་པ་མ་ཟད། སྒྱུ་རྩལ་གྱི་ཉམས་སྣང་ལས་འཕྲོས་པའི་སྐུའི་ཕྱག་རྒྱ་དང་བཞུགས་སྟངས། མཚོན་རྟགས། ན་བཟའ་སོགས་བརྒྱུད་དེ་ནང་བསྟན་གྱི་སྐུ་བརྙན་དང་ལོ་རྒྱུས་མི་སྣར་ངོས་འཛིན་བྱེད་

སྣང་ངེས་ཅན་ཞིག་ཡོད་པས། དེབ་ཆུང་འདིས་བོད་ལྗོངས་ཁུལ་གྱི་རྒྱ་ཆེའི་སློ་ཤན་པ་རྣམས་ཀྱི་ལས་ཀར་ཕན་པ་ཅུང་ཟད་བསྐྱུན་ཐུབ་པ་དང་། ཡུལ་སྐོར་བ་རྣམས་ཀྱིས་བོད་ཀྱི་རིག་གནས་ལ་རྒྱུས་མངའ་བྱེད་ཐུབ་པ་མ་ཟད། བོད་རིགས་མང་ཚོགས་ཀྱིས་རང་ཉིད་ཀྱི་ལོ་རྒྱུས་ལ་ཤེས་རྟོགས་བཅས་ཡོང་བའི་རེ་བ་ཡོད།

མཚམས་འདིར་དེབ་ཆུང་དེ་རྩོམ་སྒྲིག་བྱེད་སྐབས་ལས་རོགས་དང་མཆེད་གྲོགས། སློབ་མ་རྣམས་ཀྱི་ཐུགས་ཁུར་དང་རོགས་སྐྱོར་ཆེན་པོ་ཐོབ་ཅིང་། ལྷག་དོན་དུ་བོད་ལྗོངས་སློབ་ཆེན་གྱི་དཔལ་འབྱོར་དང་དོ་དམ་སློབ་གླིང་གི་དགེ་རྒན་ཆེན་མོ་གཞོན་པ་འབུམ་རམས་པ་ཉི་མ་ལགས། ཕྱི་སྐད་རིག་གཞུང་སློབ་གླིང་གི་དགེ་རྒན་ཆེན་མོ་གཞོན་པ་པདྨ་ཆོས་སྒྲོན་བཅས་ནས་རིན་ཐང་ཆེ་བའི་དགོངས་འཆར་དང་དཔྱད་གཞི་མཁོ་འདོན་གནང་བ་མ་ཟད། ཕྱི་སྐད་རིག་གཞུང་སློབ་གླིང་གི་དགེ་རྒན་འབུམ་རམས་པ་བློ་བཟང་དབང་ཕྱུག་ནས་རྒྱ་འགྱུར་མར་དག་བཅོས་གནང་བར་བཀའ་དྲིན་ཆེ་ཞུ་རྒྱུ། ད་དུང་སློབ་མ་མཚམས་ལྷན་སྐྱིད་མོ་དང་ཉའུ་ཅིང་། ཡང་ཇི་ནང་། ཉི་མ་ལྷ་མོ། མགོན་པོ་ཚེ་བརྟན་བཅས་ཀྱིས་ས་གནས་དངོས་ལ་བསྐྱོད་རོགས་དང་དཔྱད་གཞི་བསྡུ་རོགས་བྱས་ཤིང་། ཁྱེད་རྣམ་པའི་ལྷག་བསམ་ཐོལ་མེད་ཀྱི་རོགས་རམ་མེད་ཚེ་དེབ་ཆུང་འདི་རྩོམ་སྒྲིག་བྱེད་ཐབས་བྲལ་བས། འདིར་ཁྱེད་རྣམ་པར་སྙིང་དབུས་ནས་བཀའ་དྲིན་ཆེ་ཞུ་རྒྱུ་ཡིན།

རྩོམ་པ་པོའི་རིག་གནས་ཚད་དང་། འབྲེལ་ཡོད་དཔྱད་གཞིའི་ཡིག་ཆ་མི་ལྡང་བའི་དབང་གིས་དཔེ་དེབ་འདིར་སྐྱོན་དང་ནོར་འཁྲུལ་ལྷགས་སྲིད་པས། རྒྱ་ཆེའི་ཀློག་པ་པོ་རྣམ་པས་སྐྱོན་འདོན་དང་དག་བཅོས་ཡོད་པ་མཁྱེན།།

བོད་ལྗོངས་སློབ་ཆེན་གྱི་ཕྱི་སྐད་རིག་གཞུང་སློབ་གླིང་གི་དགེ་མིང་འཛིན་པ་ཉི་མ་བུ་ཁྲིད་ཀྱིས་སྤྱི་ལོ་༢༠༡༩ཟླ་བ་༡༡ཚེས་བཟང་པོར།།

目　录

释迦牟尼

释迦牟尼是佛教的创始人，古印度迦毗罗卫国（今尼泊尔境内）王子，原名乔达摩·悉达多，意为“一切义成就者”。成道后，被世人尊称为“释迦牟尼”，意思为“释迦族的贤哲”。大约公元前6世纪，乔达摩·悉达多出生于古印度，出生后不久预言家预言他将觉悟成佛，为了不唤起他成佛的善念，他的父亲为他修建了舒适的庭院，让他远离人世间的疾苦。但是有一次他驾车出城游玩，经过东、南、西三座城门时，分别见到了人类老、病、死的三种状态，他意识到这是所有人都不可逃避的规律，便决定舍弃王室优渥的生活条件，去寻求生命的意义及解脱之道。29岁时，他离家修行，六年后在菩提树下沉思冥想，遂大彻大悟创立佛教，直至81岁时入涅槃。在藏传佛教寺院里，释迦牟尼佛的形象多为结跏趺端坐于莲花宝座上，通体呈金黄色，头发为深蓝色，左手托蓝色的钵盂，右手施触地印，祈求大地作证他的觉悟。

སྟོན་པ་ཤཱཀྱ་ཐུབ་པ།

ཤཱཀྱ་ཐུབ་པ་ནི་རྒྱ་གར་གྱི་སེར་སྐྱའི་གྲོང་དུ་རྒྱལ་པོའི་རིགས་ཀྱི་སྲས་སུ་འཁྲུངས་པ་དང་། མཚན་དངོས་ལ་རྒྱལ་བུ་གཞོན་ནུ་དོན་གྲུབ་ཞུ་ཞིང་དེའི་དོན་ནི་དོན་ཐམས་ཅད་གྲུབ་པ་ཟེར་བ་ཡིན། ཤཱཀྱ་ཐུབ་པ་ནི་སྟོན་པའི་མཚན་ཏེ་ཤཱཀྱ་ནི་ཕོད་པའི་དོན་དང་ཐུབ་པ་ནི་བདུད་བཞི་ཐུབ་པ་ལའང་གོ སྤྱི་ལོའི་གོང་གི་དུས་རབས་དྲུག་པ་ཙམ་ལ་ཤཱཀྱ་ཐུབ་པ་རྒྱ་གར་དུ་སྐུ་འཁྲུངས་ཤིང་སངས་རྒྱས་ཆོས་ལུགས་ཀྱི་དབུ་མཛད། སྐབས་དེ་དུས་ཁོང་གི་ཡབ་ནས་ཁོང་ལ་བདེ་འཚོད་ཀྱི་ཁྱིམ་ར་བཞེངས་ནའང་ཁོང་ཉིད་ཀྱིས་བདེ་འཚོད་ཀྱི་ཁྱིམ་ར་རེ་རེའི་ལམ་ཐོག་

ནས་བསྒྲོད་བཞིན་པའི་སྐྱེ་རྒུ་དག་གི་རྒ་བ་དང་ན་བ། ཤི་བ་སོགས་ཀྱི་མི་ཚེའི་སྡུག་བསྔལ་བའི་ཆོས་ཉིད་དག་མཐོང་དུས་ཡིད་སྐྱོ་བ་ཚད་མེད་བྱུང་ཞིང་རྒྱལ་སྲིད་བློས་བཏང་སྟེ་སྡུག་བསྔལ་གྱི་འབྱུང་རྩ་དང་དེ་སྤོང་བའི་ཐབས་འཚོལ་བའི་ལམ་དུ་ཞུགས། དགུང་ལོ་ཉེར་དགུའི་ཐོག་ཁྱིམ་ནས་ཁྱིམ་མེད་པར་རབ་ཏུ་བྱུང་སྟེ་མཆོད་རྟེན་རྣམ་དག་གི་དྲུང་དུ་དཔལ་རབ་བྱུང་གི་བསྙེན་པར་རྫོགས། དགུང་ལོ་གྱ་གཅིག་པ་ལ་སྐུ་མྱ་ངན་ལས་འདས་པའི་ཚུལ་བསྟན་པ་སོགས་མཛད་པ་ཆེན་པོ་བཅུ་གཉིས་ཡོད་དོ། དུས་རྒྱུན་ཁོང་ཉིད་པད་མའི་ཁྲི་སྟེང་དུ་རྡོ་རྗེ་སྐྱིལ་ཀྲུང་དུ་བཞུགས་པ་དང་སྐུ་ལས་འོད་འཕྲོ་བ། དབུ་སྐྲ་སྔོ་མདོག་ཏུ་སྣང་བ་དང་ཕྱག་གཡོན་དུ་ལྷུང་བཟེད་བསྣམས་ཤིང་། ཕྱག་གཡས་པས་ས་གནོན་གྱི་ཕྱག་རྒྱ་མཛད་ནས། ས་གཞི་ཆེན་པོས་ཁོང་སངས་རྒྱས་པར་དངོས་སུ་ར་སྤྲོད་ཐུབ་པར་བསྟན་པའོ།།

Shakyamuni

Shakyamuni is the historical Buddha who lived in ancient India in about 6th century BC and founded Buddhism. Although he was born into a royal family and his father built pleasure gardens for him, one day on his way out, he saw a sick man, an old man, and a funeral procession, so he decided to give up the whole reputation and property to embark on a spiritual quest for the origin of human suffering. At the age of 29 he left home for his quest, and meditated under the Bodhi tree for 6 years and finally got complete enlightenment. At the age of 81, Buddha Shakyamuni passed into Nirvana. He is usually shown seated in the full-lotus posture on a lotus throne. His body is golden in color and hair is dark blue. He holds the blue iron begging bowl of a monk in his left hand while his right hand touches the earth in the "earth witness" gesture, invoking the earth as a witness to his realization.

● 释迦牟尼 / 夏鲁旺堆 绘

弥勒佛

弥勒佛，在藏语里被称为强巴佛，即未来佛。他常展现出脚踏莲花月轮的姿态，双手置于胸前呈说法印（又称转法轮印）。弥勒佛也常被绘成金身的菩萨形象，左右手各持一莲花，上托净水瓶和法轮，时而盘腿而坐，时而屈膝而坐。弥勒佛可以通过其头顶一座小型的白色或金色的佛塔来辨认。

རྒྱལ་བ་བྱམས་པ།

རྒྱལ་བ་བྱམས་པ་ནི་མ་འོངས་པའི་སངས་རྒྱས་ཐམས་ཅད་མཚོན་པས་ན་མ་འོངས་པའི་སངས་རྒྱས་ཞེས་བྱའོ། དེའི་ཕྱིར་འདི་ལ་སྐྱབས་སུ་འགྲོ་བ་སོགས་གང་བྱས་ཀྱང་དུས་གསུམ་གྱི་སངས་རྒྱས་ཐམས་ཅད་ལ་སྐྱབས་སུ་སོང་བའི་བསོད་ནམས་འབྱུང་བར་བཤད་དོ། སྐུའི་ཞབས་པད་མའི་དཀྱིལ་འཁོར་སྟེང་དུ་བཞག་པའི་ཉམས་འགྱུར་བསྟན་ཡོད་ཅིང་། ཕྱག་གཉིས་ཀྱིས་ཆོས་གསུངས་པའི་ཚུལ་གྱི་ཕྱག་རྒྱ་བསྟན་ཡོད་པ་དང་། ཞབས་རྡོ་རྗེ་སྐྱིལ་ཀྲུང་དུ་བཞུགས་པའམ་ཞབས་བཟང་པོའི་འདུག་སྟངས་ཚུལ་དུ་བཞུགས་ཡོད། ང་ཚོས་སྐུ་ལུས་གསེར་ལས་བཞེངས་པའི་བྱང་ཆུབ་སེམས་དཔའ་གཟུགས་བརྙན། དེ་བཞིན་དབུ་ཐོག་གི་ཚོན་མདོག་དཀར་པོའམ་གསེར་མདོག་གི་མཆོད་རྟེན་ཆུང་དུ་ལས་ངོས་འཛིན་རགས་བསྟུས་བྱེད་ཐུབ་པའོ།།

Maitreya

Maitreya is the Bodhisattva who will be the future Buddha to appear in this world. He can be shown as a Buddha seated in the posture with his feet resting on a lotus moon disc. His hands are held to his heart in the gesture of teaching, also called the gesture of "turning the wheel of Dharma". Maitreya may also be depicted as a Bodhisattva with a golden body, wearing the clothing and ornaments of a Bodhisattva and holding the stems of two lotus blossoms that bear his emblems: a vase and a Dharma-wheel. He can be shown seated either in the full-lotus posture or with his legs extended down to the earth. Maitreya may also be recognized by a small white or golden stupa on his head.

● 弥勒佛 / 夏鲁旺堆 绘

燃灯佛

燃灯佛是释迦牟尼的授戒恩师，因其出生时光团环绕而得名。佛经中记载的许多佛、菩萨都曾是他的座下弟子，他被信众称为过去佛，与释迦牟尼、弥勒佛一起被称作三世佛。他的形象略像释迦牟尼，为全盘腿坐在莲花宝座上，双手或一手当胸施转法轮印。他面部表情慈祥，象征无边的慈祥之力。

སངས་རྒྱས་མར་མེ་མཛད།

སངས་རྒྱས་མར་མེ་མཛད་ནི་སངས་རྒྱས་ཤཱཀྱ་ཐུབ་པའི་སྡོམ་པ་བཞེས་མཁན་གྱི་བླ་མ་ལྟ་བུ་དང་། ནང་པ་སངས་རྒྱས་པའི་ཆོས་གཞུང་ནང་འཁོད་པའི་ལྷ་བླ་མ་མང་དག་ཅིག་སྔོན་སངས་རྒྱས་མར་མེ་མཛད་ཀྱི་སློབ་མ་ཡིན་པར་གསུངས་ཤིང་དད་ལྡན་མང་ཚོགས་རྣམས་ཀྱིས་ཀྱང་འདས་པའི་སངས་རྒྱས་སུ་འབོད་པ་སྟེ། འདས་པའི་སངས་རྒྱས་མར་མེ་མཛད་དང་ད་ལྟའི་སངས་རྒྱས་ཤཱཀྱ་ཐུབ་པ། མ་འོངས་སངས་རྒྱས་རྒྱལ་བ་བྱམས་པ་གསུམ་ལ་དུས་གསུམ་སངས་རྒྱས་ཞེས་བྱའོ། སངས་རྒྱས་མར་མེ་མཛད་ཀྱི་གཟུགས་སྐུའི་རྣམ་པ་སངས་རྒྱས་ཤཱཀྱ་ཐུབ་པ་དང་འདྲ་ཞིང་། པད་མའི་དཀྱིལ་འཁོར་གྱི་ཁྲི་ལ་རྡོ་རྗེ་སྐྱིལ་ཀྲུང་དུ་བཞུགས་ཡོད། ཞལ་རས་འཛུམ་གྱིས་ཐུག་ཅིང་བརྩེ་བ་སྙིང་རྗེ་ཆེན་པོའི་བདག་ཉིད་ཀྱི་སྐུ་བརྙན་ཞིག་ཡིན།

Dipamkara

Dipamkara was the teacher of Buddha Shakyamuni. His name means "the Buddha of Holy Light", and he was so named because of the holy light around him upon his birth. According to some Buddhist scriptures, there are many Buddhas and Bodhisattvas who used to be disciples of Dimpamkara. Dipamkara is known as the Past Buddha in the triad of Buddhas of the Three Times, together with Shakyamuni, the Present Buddha, and Maitreya, the Future Buddha. Dipamkara is shown seated in the full-lotus posture, and either his two hands or one hand is held to his heart in the gesture of teaching, also called the gesture of "turning the wheel of Dharma". Dipamkara looks very kind, showing his infinite power of compassion.

燃灯佛 / 夏鲁旺堆 绘

无量光佛

无量光佛是无限光明之佛，也是代表佛五种智慧的五方佛之一。他代表慈悲之心，是净土宗的本尊，西方极乐世界的主尊。其像肤色为枣红色，身着袈裟，双手施禅定印或称定印，捧一钵，有时跏趺于莲花宝座上。在藏传佛教中，历代班禅额尔德尼被视为无量光佛的化身。

སངས་རྒྱས་འོད་དཔག་མེད།

སངས་རྒྱས་འོད་དཔག་མེད་ནི་སྐུ་མདོག་དམར་པོའི་ཕྱག་གཉིས་མཉམ་བཞག་གི་ཕྱག་རྒྱ་མཛད་ཅིང་། ཞབས་རྡོ་རྗེ་སྐྱིལ་ཀྲུང་དུ་བཞུགས་པ། ན་བཟའ་ཆོས་གོས་རྣམ་གསུམ་གསོལ་བ། ཚངས་པར་སྤྱོད་པའི་ཆ་ལུགས་ཅན། མཚན་དང་དཔེ་བྱད་བཟང་པོས་ཡོངས་སུ་བརྒྱན་པ་ཡིན། སངས་རྒྱས་ཁོང་ཡང་ནང་པ་སངས་རྒྱས་པའི་ཆོས་ལུགས་ནང་འཇིག་རྟེན་འདྲེན་པ་པོའམ་མགོན་མེད་སྡུག་བསྔལ་གྱུར་པ་རྣམས་ཀྱི་སྐྱབས་སུ་སོང་བ་ཡིན། བོད་བརྒྱུད་ནང་བསྟན་གྱི་དགེ་ལུགས་པའི་ཆོས་བརྒྱུད་ནང་པཎ་ཆེན་སྐུ་ཕྲེང་རིམ་བྱོན་ནི་སངས་རྒྱས་འོད་དཔག་མེད་ཀྱི་རྣམ་སྤྲུལ་ཡིན་པར་ངོས་འཛིན་ནོ།།

Amitabha

Amitabha, the Buddha of Infinite Light, is one of the five Dhyani Buddhas, the personifications of the five Buddha energies.

He represents the lotus energy which transmutes passion into spiritual purity. He is the Buddha of the Pure Land in the West called Sukhavati (Dewa Chen in Tibetan). In Tibetan Buddhist art, Amitabha is date red in color, wears the monastic robes of a Buddha, and his hands are in the meditation gesture holding a begging bowl. He is sometimes seated in the full-lotus posture. According to the Gelugpa Sect of Tibetan Buddhism, the successive Panchen Lamas are considered as incarnations of Amitabha.

● 无量光佛 / 夏鲁旺堆 绘

药师佛

药师佛，即药师琉璃光如来，东方琉璃世界之主，帮助众生远离和减轻疾病痛苦，消除灾难。药师佛像身色大都为深蓝色，呈全跏趺坐，右手掌心向外触地，拿诃子枝，左手持钵，内盛可医治百病的甘露。八大药师佛组像是在藏传佛教寺院里比较常见的药师佛造像。

སངས་རྒྱས་སྨན་བླ།

སངས་རྒྱས་སྨན་བླ་ནི་སྨན་གྱི་བླ་བཻཌཱུརྱ་འོད་ཀྱི་རྒྱལ་པོ་མཐིང་ག་རབ་ཏུ་བྱུང་བའི་ཚ་ལུགས་ཅན། ཤར་ཕྱོགས་གཡུ་རྩེའི་རྒྱལ་ཁམས་ཀྱི་ཆོས་བདག་དུག་གསུམ་ཞི་བ་དང་ལྷུ་བ་ངན་པའི་བག་ཆགས་སེལ་བ་ཡིན། སྐུ་མདོག་སྔོན་པོ་རྡོ་རྗེ་སྐྱིལ་ཀྲུང་དུ་བཞུགས་པ། ཕྱག་གཡས་གཡོན་ལ་སྨན་གྱི་མཆོག་ཨ་རུ་ར་དང་བདུད་རྩི་སྨན་གྱི་བྲུམ་པ་འཛིན་པ་སོགས་ཀྱི་ཚ་ལུགས་ལྡན། ནམ་རྒྱུན་དུ་ལྷ་ཁང་དང་ཞལ་ཐང་། ལྷེབས་རིས་སོགས་ཀྱི་ཐོག་ཏུ་མཇལ་བ་ནི་སྨན་བླ་བདེ་གཤེགས་བརྒྱད་གཙོ་བོར་མཆོན་པའི་སངས་རྒྱས་སྨན་བླ་ཡིན་ནོ།།

Bhaishajyaguru

Bhaishajyaguru (Sanggye Menlha in Tibetan) is the Buddha of Healing who can rescue all sentient beings from the suffering of illness if we pray to him. In most Tibetan Buddhist art, the Buddha sits in the full-lotus posture, and his body is dark blue in color. His right hand touches the earth with the palm facing outward, holding a stem of the medicinal plant called arura and the left hand holds a bowl containing nectar. Normally we can see eight different Bhaishajyaguru images as a group in most monasteries in Xizang.

药师佛 / 夏鲁旺堆 绘

四臂观音

四臂观音是慈悲菩萨。其像全身洁白，着镶嵌珠宝的五色天衣，跏趺坐于莲花宝座上。二手合掌于中央胸前，捧一块予愿宝石，另外两手分别持水晶念珠和象征慈悲的莲花。四臂观音菩萨有诸种显身像，但能通过披在其左肩上的一块绿色或灰色的鹿皮来确认。在藏传佛教里，历代达赖喇嘛被视为观音菩萨的化身。

འཕགས་པ་སྤྱན་རས་གཟིགས་ཕྱག་བཞི།

སྤྱན་རས་གཟིགས་ཕྱག་བཞི་ནི་སྙིང་རྗེ་དང་བྱམས་སེམས་ཀྱི་ལྷ་ཡིན་ཞིང་། པད་མའི་སྟེང་དུ་ཞབས་སྐྱིལ་ཀྲུང་ཚུལ་དུ་བཞུགས་ཡོད་པ་དང་སྐུ་མདོག་ཟུང་དཀར་ལ་ཁ་མདོག་སྣ་ལྔའི་རིན་པོ་ཆེས་བརྒྱན་པའི་དར་གོས་བཞེས་ཡོད། དབུས་ཀྱི་ཕྱག་གཉིས་ཀྱིས་ཐལ་མོ་སྦྱར་ནས་བསམ་པ་ལྷུན་གྲུབ་པའི་རྡོ་རྗེ་ཕ་ལམ་བསྣམས་ཤིང་ཕྱག་གཞན་གཉིས་པོ་སོ་སོའི་ནང་ཆུ་ཤེལ་ཕྲེང་བ་དང་སྙིང་རྗེ་མཚོན་པའི་པདྨ་དཀར་པོ་བཟུང་ཡོད། སྤྱན་རས་གཟིགས་ཕྱག་བཞི་ལ་རྣམ་པ་མི་འདྲ་བ་མང་པོ་ཡོད་ཅིང་ཁོང་གི་དཔུང་པ་གཡོན་དུ་བཞེས་པའི་ཏུ་ཏུའི་ལྤགས་མདོག་སྔོན་ནམ་ཐལ་མདོག་ལས་ང་ཚོས་སྤྱན་རས་གཟིགས་ཕྱག་བཞི་ཡིན་པ་ངོས་འཛིན་ཐུབ། བོད་བརྒྱུད་ནང་བསྟན་གྱི་དགེ་ལུགས་པའི་ཆོས་བརྒྱུད་ནང་ཏཱ་ལའི་སྐུ་ཕྲེང་རིམ་བྱོན་ནི་འཕགས་པ་སྤྱན་རས་གཟིགས་ཀྱི་རྣམ་སྤྲུལ་ཡིན་པར་ངོས་འཛིན་ཀྱང་བྱེད་ཀྱི་ཡོད་དོ།།

Four-Armed Avalokitesvara

Four-Armed Avalokitesvara is the Bodhisattva of Compassion. He is commonly depicted as a Bodhisattva seated in the full-lotus posture on a lotus throne. His body is white and wears the five-colored silk robes and jeweled ornaments of a Bodhisattva. Two of his hands hold a wish-fulfilling gem to his heart and the other two hold a crystal rosary and a white lotus blossom of compassion respectively. Avalokitesvara has many forms, but he can always be identified by a green or grey deer skin draped over his left shoulder. According to the Gelugpa Sect of Tibetan Buddhism, the successive Dalai Lamas are considered as incarnations of Avalokitesvara.

四臂观音 / 夏鲁旺堆 绘

千手观音

千手观音是观音菩萨的另一种形象。相传观音菩萨曾经在上师无量光佛面前许过诺言，要将众生从苦难中解脱出来。可茫茫世界，芸芸众生，他一时照应不过来，于是把自己的身体化成很多段，每一段变化成一位观音以便解救众生。为减轻观音菩萨分体之痛苦，无量光佛和金刚手菩萨施法将观音菩萨的每一段化身合拢为一尊具有十一个佛面和一千只手的法身。该法身像全身洁白，站在莲花月轮上，每一手掌中有一只象征着智慧的眼睛。其主要的八只手中，中央二手合掌于胸前，捧有一块予愿宝石，其余五只手分别持莲花、弓和箭、净瓶、念珠、法轮，第八只手施开掌予愿印。千手观音有九张脸，其中红、白、绿三色的脸各三张，象征佛的三种特征，头顶上有红色无量光佛和蓝色金刚手的佛头，共十一面。

འཕགས་པ་སྤྱན་རས་གཟིགས་ཕྱག་སྟོང་སྤྱན་སྟོང་།

སྤྱན་རས་གཟིགས་ཕྱག་སྟོང་སྤྱན་སྟོང་ནི་སྤྱན་རས་གཟིགས་ཀྱི་སྤྲུལ་པ་སྣ་ཚོགས་མཛད་པའི་སྐུའི་རྣམ་འགྱུར་མི་འདྲ་བ་ཞིག་ཡིན་ཞིང་། སྔོན་འཕགས་པ་སྤྱན་རས་གཟིགས་ཀྱིས་ཁམས་གསུམ་རིགས་དྲུག་གི་སེམས་ཅན་ཐམས་ཅད་བདེ་ལ་འགོད་པར་ཤོག་ཅིག་ཅེས་སྨོན་ལམ་བཏབ་མོད། ཁོང་གིས་དངོས་སུ་སེམས་ཅན་རྣམས་ཀྱི་དོན་འགྲུབ་པ་ལ་འབད་དུས་འདུལ་དཀའ་བའི་སེམས་ཅན་རྣམས་ཀྱིས་ཁོང་ཉིད་ཐུགས་ཞེན་ཏུ་ངལ་བར་གྱུར་ཏེ་ངལ་གསོའི་ཏིང་ངེ་འཛིན་ལ་སྙོམས་པར་བཞུགས། དེའི་ཚེ་ན་སྔོན་གྱི་སྨོན་ལམ་གྱི་མཐུས་རང་གི་མགོ་བོ་ཚལ་བཅུར་གས་ཞིང་སྐུ་ལུས་དུམ་བུ་སྟོང་དུ་གྱུར་པ་དེ་སངས་རྒྱས་སྣང་བ་མཐའ་ཡས་

འོད་དཔག་མེད་དང་ཕྱག་ན་རྡོ་རྗེས་གཟིགས་ནས་སྐུ་ལུས་ཐོར་པ་རྣམས་ཚུན་པོར་ཕྱག་གིས་བཙིངས་ཏེ་ཞལ་བཅུ་གཅིག་དང་ཕྱག་སྟོང་དུ་བྱིན་གྱིས་བརླབས་སོ། །ཕྱག་སྟོང་གི་མཐིལ་དུ་སྤྱན་སྟོང་གི་བྱིན་གྱིས་བརླབས་སོ། སྤྱན་གྱིས་ཤེས་རབ་དང་ཕྱག་གིས་ཐབས་སུ་འདི་གཉིས་ཟུང་འབྲེལ་གྱི་མཚོན་བྱེད་ཡིན། སྤྱན་རས་གཟིགས་ཀྱི་ཕྱག་གཙོ་བོ་བརྒྱད་ལས་ཐོག་མ་གཉིས་ལ་ནོར་བུ་དགོས་འདོད་ཀུན་འབྱུང་དང་གཞན་རྣམས་ལ་མེ་ཏོག་པད་མ་དང་མདའ། གཞུ། བུམ་པ། ཕྲེང་བ། མ་ཎི་འཁོར་ལོ་སོགས་ཀྱིས་བརྒྱན། སྤྱན་རས་གཟིགས་ཀྱི་གཙུག་ན་སངས་རྒྱས་འོད་དཔག་མེད་དང་སེམས་དཔའ་མཐུ་ཆེན་སྟོབས་ཀྱིས་བརྒྱན་ཡོད།

Thousand-Armed Avalokitesvara

Thousand-Armed Avalokitesvara is another form of Avalokitesvara. Avalokitesvara once took a vow to save all sentient beings from suffering. When he realized how difficult the task would be, his body naturally exploded into many pieces to keep the vow. Later, Amitabha and Vajrapani thought that Avalokitesvara must be painful, so they decided to put the pieces together into a new form of body with eleven heads and one thousand arms. Each of his hands has an eye in the center of the palm, symbolizing the union of wisdom (eye) and skillful means (hand). In this new form he has a white body and stands on a lotus moon disc. He has eight main hands. The first two hands hold a wish-fulfilling gem, the next five hold a lotus, bow and arrow, vase, rosary, and wheel of Dharma respectively, and the eighth hand is in the open-palmed gesture of generosity. He has three rows of faces (with three faces on each row) colored red, white, and green, symbolizing the three principal aspects of Buddhahood, while above these nine heads are the blue wrathful face of Vajrapani and the red face of Amitabha.

千手千眼十一面观音 / 夏鲁旺堆 绘

文殊菩萨

文殊菩萨是智慧菩萨，观音菩萨、文殊菩萨、金刚手菩萨共为密宗事部“三怙主”。在藏传佛教艺术中文殊菩萨，呈英俊青年相肌肤为金黄色，右手持智慧剑，象征以智慧剑斩断无知，左手轻捏莲花茎，莲花上放置《般若经》，象征智慧的思维。经书和智慧剑是文殊菩萨的象征。文殊菩萨有时左手在胸前做讲法印，常乘坐狮子和大象坐骑，代表威猛无比的智慧。

འཇམ་དཔལ་དབྱངས།

འཇམ་དཔལ་དབྱངས་ནི་ཤེས་རབ་ཀྱི་ལྷ་དང་སྐུ་མདོག་ནི་དམར་སེར་མདོག་ཏུ་སྣང་ཞིང་སྐུ་གཟུགས་བཟང་བའི་གཞོན་ནུའི་གཟུགས་སོ། ལེགས་སྦྱར་སྐད་དུ་མན་ཛུ་ཤི་རི་ཟེར་བ་དང་དེ་ནི་བཀྲ་ཤིས་མཚར་བ་དང་སྤྱོད་ལམ་བཟང་བའི་དོན་ཡིན། རིགས་གསུམ་མགོན་པོའི་གྲས་སུ་གཏོགས། འཇམ་དཔལ་དབྱངས་ཀྱི་ཕྱག་གཡས་སུ་ཤེས་རབ་ཀྱི་རལ་གྲི་བསྣམས་པ་དང་དེས་གཏི་མུག་ཚར་གཅོད་པ་མཚོན་པ་དང་། ཕྱག་གཡོན་དུ་པདྨ་བསྣམས་ཤིང་དེའི་སྟེང་དུ་ཤེས་རབ་ཀྱི་དཔེ་ཆ་ཡོད་པ་དེས་ཤེས་རབ་ཀྱི་ཐབས་མཚོན་པ་ཡིན། དཔེ་ཆ་དང་རལ་གྲི་གཉིས་ནི་འཇམ་དཔལ་དབྱངས་ཀྱི་མཚོན་རྟགས་ཡིན། སྐབས་འགར། ཕྱག་གཡོན་མས་བྲང་ཁའི་མདུན་ནས་ཆོས་གསུངས་པའི་ཕྱག་རྒྱ་བཞེས་ཡོད་ཅིང་ཁོང་གིས་དུས་རྒྱུན་དུ་སེང་གེ་དང་གླང་ཆེན་ཆིབས་ཡོད་པ་དང་དེས་ཤེས་རབ་ལ་འགྲན་ཟླ་མེད་པ་མཚོན་གྱི་ཡོད་པ་རེད།

Manjushri

Manjushri is the Bodhisattva of Wisdom. Manjushri, together with Avalokitesvara and vajrapani, is known as one of the three protector Deities of the vajrayana Mantrayana. Manjushri is shown as a beautiful youth with a golden complexion. He holds a flaming sword of wisdom in his right hand to cut through ignorance, while in his left hand is the stem of a lotus blossom bearing a Prajna Sutra. The sword and the sutra are the emblems of Manjushri. Sometimes his left hand makes the gesture of teaching at the level of heart. Manjushri is also depicted as riding on a lion or on an elephant. Both animals represent the incomparable wisdom of Manjushri.

文殊菩萨 / 夏鲁旺堆 绘

金刚手

金刚手是诸佛之中力量的化身，大多密续都由其传承。金刚手的功能是抵御来自各方的魔障，使众生免受外来邪魔的干扰。在藏传佛教艺术中，金刚手站立于莲花日轮上，右手高举金刚杵，表示降伏一切妖魔鬼怪，左手于胸前持一个能够套住恶魔的套索。身呈深蓝色，腰围虎皮，颈上戴蛇，三目圆睁，身如烈火。金刚手呈寂静相时，法衣呈深蓝色，手持莲花，其上立一金刚杵。

ཕྱག་ན་རྡོ་རྗེ།

ཕྱག་ན་རྡོ་རྗེ་ནི་སངས་རྒྱས་ཐམས་ཅད་ཀྱི་ཐུགས་ཀྱི་ངོ་བོ་གཅིག་ཏུ་བསྡུས་པའི་བདག་ཉིད་དེ་ཡིན་ཞིང་། ཕྱག་ན་རྡོ་རྗེ་སྒྲུབ་ན་ཕྱོགས་གང་ས་ནས་ཡོང་བའི་གདོན་གྱི་བར་ཆད་བཀག་ཐུབ་པ་དང་གདོན་གྱི་བགེགས་རྐྱེན་ལས་གཡོལ་ཐུབ་ལ། དུག་གི་རྐྱེན་ལས་བྱུང་བའི་ནད་དག་ཀྱང་བཅོས་ཐུབ་པར་བཤད། ཁོང་ཉིད་ཉི་ཟླའི་དཀྱིལ་འཁོར་དུ་བཞུགས་པ་དང་ཕྱག་གཡས་སུ་རྡོ་རྗེ་ཐོག་པ་བསྣམས་ཤིང་དེས་གདོན་སོགས་བཅོམ་པ་མཚོན་པ་དང་། ཕྱག་གཡོན་དུ་གདོན་ཐམས་ཅད་བཟུང་ནུས་པའི་ཞགས་པ་བསྣམས་ཡོད། སྐུ་ལ་འོད་འཕྲོ་བ་དང་ཁེད་པར་སྟག་ལྤགས་བཞེས་པ། སྐེ་ལ་སྦྲུལ་ཐོགས་པ། སྤྱན་གསུམ་ཀ་བགྲད་པ་དང་སྐུ་གཟུགས་རྔམ་བརྗིད་ལྡན། ཁོང་ཉིད་སྐུ་ཞི་བའི་ཚུལ་དུ་བཞུགས་སྐབས་སྐུ་ལས་འོད་འཕྲོ་བ་དང་ཕྱག་ཏུ་པདྨ་བསྣམས་ཤིང་དེའི་སྟེང་རྡོ་རྗེ་རྩེ་གཅིག་པས་བརྒྱན་ཡོད།

Vajrapani

Vajrapani is the Bodhisattva of Power who represents the energy of the enlightened mind. He looks wrathful, but as a representation of the enlightened mind he is completely free from hatred. Vajrapani is often depicted as standing on a lotus sun disc and holding a Vajra in his right hand and a demon noose in his left hand. The Vajra in his hand symbolizes the power over evil spirits. His body is dark blue in color with a tiger skin around the waist and a snake around the neck. In his peaceful aspect, Vajrapani is also dark blue in color and holds a lotus blossom on which rests his principal symbol Vajra.

● 金刚手 / 夏鲁旺堆 绘

绿度母

绿度母是圣救度佛母，在藏传佛教里象征着慈悲。在造像中，绿度母身色为绿色，以菩萨形象坐在莲花宝座上，左腿单盘，右腿向下舒展，脚踏一朵莲花。双手皆持象征慈悲的莲花，藏族信徒认为文成公主是绿度母的化身。

སྒྲོལ་ལྗང་།

སྒྲོལ་ལྗང་ནི་འགྲོ་བ་འདྲེན་པའི་སངས་རྒྱས་ཀྱི་ཡུམ་ཡིན་ལ་བོད་དུ་སྙིང་རྗེ་མཚོན་པའི་བྱང་ཆུབ་སེམས་དཔའ་འང་ཡིན། ཁོང་སྐུ་ལྗང་མདོག་དང་ནས་པདྨའི་དཀྱིལ་འཁོར་སྟེང་བཞུགས་ཤིང་ཞབས་གཡས་པ་པདྨའི་ཐོག་ཏུ་བཞག་ཡོད། ཕྱག་གཉིས་སུ་སྙིང་རྗེ་མཚོན་པའི་པདྨ་བསྣམས་ཡོད། རྒྱ་བཟའ་ཀོང་ཇོའི་སྤྲུལ་གཞིར་བརྗོད།

Green Tara

Green Tara, or the "Green Savior", is the Bodhisattva who represents the motherly aspect of compassion. Her body is green in color and she sits in the royal posture on a lotus throne with her right foot resting on a small lotus blossom. Her two hands hold two blue lotus blossoms of compassion. Tibetan Buddhists believe that Princess Wencheng is an incarnation of Green Tara.

● 绿度母 / 夏鲁旺堆 绘

白度母

白度母在藏传佛教二十一度母中以慈悲而被敬仰，相传她出生于观音菩萨第一滴眼泪所形成的湖里一朵盛开的莲花中。在造像中，代表慈悲、长寿、康宁的白度母身呈白色，盘腿坐在莲花宝座上，左手握莲花，右手结作予愿印。辨认白度母最好的办法便是通过她的七只眼睛：其中三只在脸上，两只在手掌中，另两只在脚掌中。相传前额上的那只眼睛能够看到西方净土，其他六只眼睛能够看到轮回中的六道。藏族信徒认为赤尊公主是白度母的化身。

སྒྲོལ་དཀར།

སྒྲོལ་དཀར་ནི་སངས་རྒྱས་ཆོས་ལུགས་ནང་རྗེ་བཙུན་སྒྲོལ་མའི་སྐུའི་རྣམ་འགྱུར་མི་འདྲ་བ་ཞིག་ཡིན། དེ་ནི་བརྩེ་བ་སྙིང་རྗེ་ཆེན་པོ་དང་ལྡན་པས་སྐྱེ་འགྲོ་ཀུན་གྱིས་དད་པའི་ཡུལ་དུ་བཀུར་གྱི་ཡོད། སྒྲོལ་དཀར་ནི་བརྩེ་བའི་བདག་ཉིད་སྤྱན་རས་གཟིགས་ཐུགས་རྗེ་ཆེན་པོའི་སྤྱན་ཆབ་ཀྱི་ཐིགས་པ་དང་པོ་མཚོའུར་ཆགས་པའི་མེ་ཏོག་པདྨ་ཞིག་ལས་འཁྲུངས། བདག་ཉིད་བརྩེ་བ་ཆེན་པོ་དང་ཚེ་རིང་། བདེ་བའི་མཚོན་བྱེད་ཡིན། སྐུ་མདོག་དཀར་ཞིང་པད་མས་བརྟེགས་པའི་ཉི་ཟླ་ཟུང་གི་དཀྱིལ་འཁོར་ལས་རྡོ་རྗེ་སྐྱིལ་ཀྲུང་དུ་བཞུགས། ཕྱག་གཡོན་དུ་པད་མ་དང་ཕྱག་གཡས་འདོད་པ་ཀུན་འགྲུབ་ཚུལ་གྱིས་ཕྱག་རྒྱ་བཞེས་ཡོད། དམིགས་བསལ་གྱི་མཚོན་རྟགས་ནི་ཤེས་རབ་ཀྱི་སྤྱན་བདུན་ཡོད་པ་དང་། དེ་ལས་གསུམ་ནི་ཞལ་གྱི་དབུས་དང་གཞན་དག་ཕྱག་གི་ཐོག་དང་ཞབས་མཐིལ་དུ་ཡོད། ཞལ་དབུས་སྤྱན་གྱིས་ནུབ་ཕྱོགས་བདེ་བ་ཅན་གྱི་ཞིང་ཁམས་སུ་གཟིགས་པར་གསུངས་ཤིང་གཞན་དྲུག་པོས་འཁོར་བའི་འགྲོ་བ་རིགས་དྲུག་ལ་གཟིགས་

པར་གསུངས་སོ། །

White Tara

White Tara is one of the twenty-one Taras in Tibetan Buddhism and is known for her great compassion. Legend has it that she rose from a lotus in the lake formed from the first tear of compassion of the great Bodhisattva Avalokitesvara. She represents compassion, longevity, healing and serenity. In Tibetan Buddhist art, her body is white in color and she sits on a lotus throne. She holds the stem of a lotus blossom of compassion in her left hand, while her right hand makes the gesture of generosity. The best way to distinguish White Tara is through her seven eyes: three eyes are on her face, two are on the palms of her hands, and the rest two are on the soles of her feet. The one on the forehead can see the Pure Land of the West, and the other six can see the six realms in the Wheel of Life (samsara). Tibetan Buddhists believe that Princess Bhrikuti Devi is an incarnation of White Tara.

白度母 / 夏鲁旺堆 绘

无量寿佛

无量寿佛是长寿佛。其像肌肤为红色，身着菩萨装，双手于脐下结禅定印。手持宝瓶，瓶中盛长寿甘露，瓶口生长着一朵吉祥花。无量寿佛代表长寿、健康与幸福，与白度母和尊胜佛母合称为“长寿三尊佛”。

སངས་རྒྱས་ཚེ་དཔག་མེད།

སངས་རྒྱས་ཚེ་དཔག་མེད་ནི་ཚེ་རིང་བར་སྒྲུབ་པའི་ལྷ་ཞིག་ཡིན་ཞིང་སྐུ་མདོག་དམར་པོར་སྣང་བ། སྐུ་ལ་ཆོས་གོས་རྣམ་གསུམ་བཞེས་ཡོད་པ་དང་ཕྱག་གཉིས་ཏིང་འཛིན་གྱི་ཕྱག་རྒྱ་བཞེས་ཡོད། ཁོང་གི་ཕྱག་ཏུ་བུམ་པ་བསྣམས་ཤིང་བུམ་པའི་ནང་ཚེ་རིང་གི་བདུད་རྩི་བླུགས་ཡོད་ལ་བུམ་པའི་ནང་ནས་བཀྲ་ཤིས་པའི་མེ་ཏོག་བཞད་ཡོད། ཚེ་དཔག་མེད་ཀྱིས་ཚེ་རིང་བ་དང་བདེ་ཐང་། བདེ་སྐྱིད་མཚོན་ཞིང་ནས་རྒྱུན་སྒྲོལ་མ་དཀར་མོ་དང་རྣམ་རྒྱལ་མ་བཅས་ཏེ་ཁོང་རྣམ་པ་གསུམ་ལ་ཚེ་ལྷ་རྣམ་གསུམ་ཞེས་འབོད་ཀྱི་ཡོད་པ་རེད།

Amitayus

Amitayus is the Bodhisattva of Longevity. In Tibetan Buddhist art, Amitayus has a red body and wears the clothing and ornaments of a Bodhisattva. His hands rest on his laps in the meditation gesture. In his hands, there is a golden vase containing the nectar of immortality and an auspicious blossom. Amitayus is invoked for longevity, health and happiness, and is often depicted in a trinity together with White Tara and Vijaya.

无量寿佛 / 夏鲁旺堆 绘

尊胜佛母

相传尊胜佛母是能使众生延年益寿的长寿佛，与无量寿佛、白度母合称“长寿三尊佛”。在造像中，尊胜佛母身呈白色，跏趺坐在莲花宝座上。有三面八臂：右面为黄色，左面为蓝色。手持金刚交杵、绳索、弓、箭、佛像及甘露瓶，另外两只手分别结作予愿印和施无畏印。其形象常雕绘于尊胜佛塔上。

རྣམ་རྒྱལ་མ།

རྣམ་རྒྱལ་མ་ནི་སེམས་ཅན་གྱི་ཚེ་བསྲིང་ནུས་པའི་ལྷ་ཞིག་ཡིན་པར་བརྗོད། སྐྱེ་རྒུ་ཐམས་ཅད་ལུས་བདེ་ཚེ་རིང་དང་ལྡན་པར་བྱེད། བོད་བརྒྱུད་ནང་བསྟན་གྱི་གསང་སྔགས་གཞུང་དུ་ཚེ་དཔག་མེད་དང་སྒྲོལ་མ་དཀར་མོ། རྣམ་རྒྱལ་མ་བཅས་གསུམ་ལ་ཚེ་ལྷ་རྣམ་གསུམ་ཞེས་གྲགས་ཤིང་། རྣམ་རྒྱལ་མར་ཞལ་གསུམ་ཕྱག་བརྒྱད་ལྡན་ཅིང་པདྨའི་ཁྲི་སྟེང་དུ་རྡོ་རྗེ་སྐྱིལ་ཀྲུང་ཚུལ་དུ་བཞུགས་པ་དང་སྐུ་ལས་འོད་དཀར་འཕྲོ་ཞིང་ཞལ་གཡས་སེར་མདོག་དང་ཞལ་གཡོན་སྔོ་མདོག་དེ་བཞིན་ཕྱག་ཏུ་རྡོ་རྗེ་རྒྱ་པ་དང་། ཞགས་པ། མདའ། གཞུ། ལྷ་སྐུ། བདུད་རྩིའི་བུམ་པ་སོགས་བསྣམས་ཡོད། ནམ་རྒྱུན་རྣམ་རྒྱལ་མའི་སྐུ་འདྲ་ནི་རྣམ་རྒྱལ་མཆོད་རྟེན་སྟེང་དུ་མཐོང་རྒྱུ་ཡོད།

Vijaya

Vijaya is the Bodhisattva of Longevity often depicted in a trinity with Amitayus and White Tara. She is shown in the full-lotus posture upon a lotus throne with eight arms and three faces. Her body is white, her right face is yellow and left blue. She holds a double Vajra, a noose, a bow, an arrow, an image of Buddha, and a vase containing the nectar of immortality. Her other two hands display the gestures of generosity and fearlessness. Her image is often shown on a Vijaya stupa.

尊胜佛母 / 索朗扎西 绘

金刚萨埵

金刚萨埵是静心菩萨，为一切众生菩心本体。他是佛经上所说的本初佛，也被称为所有曼陀罗的本尊佛，因为他是所有菩萨精神境界的反应。其像身为白色，着菩萨装束，右手持金刚杵于胸前，左手持金刚铃于胯上。金刚萨埵也被认为是金刚持的同体异名。

རྡོ་རྗེ་སེམས་དཔའ།

རྡོ་རྗེ་སེམས་དཔའ་ནི་ཞི་བའི་ལྷ་ཡིན་ཞིང་དེས་མཐའ་མའི་མདོན་སྨུམ་དང་དྭངས་གཙང་གི་རྟོག་པ་མཚོན་པ་ཡིན་ལ་དཔེ་ཆའི་ནང་འཁོད་པར་ལྟར་ན་ཁོང་ཉིད་ནི་རྒྱལ་བ་རིགས་ལྔའི་གྲས་ཤིག་ཡིན་པ་མ་ཟད། དཀྱིལ་འཁོར་ཐམས་ཅད་ཀྱི་ཡི་དམ་ཡིན། དེའི་རྒྱུ་མཚན་ཏེ་རྡོ་རྗེ་སེམས་དཔའ་ནི་སངས་རྒྱས་ཡོངས་ཀྱི་ཐུགས་ཀྱི་བདག་ཉིད་ཡིན་པས་སོ། ཁོང་གི་སྐུ་མདོག་དཀར་པོར་སྣང་ལ་བྱང་ཆུབ་སེམས་དཔའི་རྣམ་པ་སྟེ་ཞལ་གཅིག་ཕྱག་གཉིས། དེ་བཞིན་ཕྱག་ཏུ་རྡོ་རྗེ་དང་དྲིལ་བུ་འཛིན་པ། ཁོང་དང་རྡོ་རྗེ་འཆང་ནི་དོན་གཅིག་མིང་གི་རྣམ་གྲངས་སོ།།

Vajrasattva

Vajrasattva is the Bodhisattva of Purification and thus personifies the univrsal essence of compassion for all sentient beings. He is also known as the meditational Buddha of all mandalas since he is a reflection of all Buddha's qualities. In Tibetan Buddhist art, he is white in color and wears the robes and ornaments of a Bodhisattva. His right hand holds a Vajra to his heart, while the left hand holds a bell to his left hip. Sometimes Vajrasattva is represented in the form and aspect of Vajradhara.

● 金刚萨埵 / 巴桑次仁 绘

金刚持

金刚持是释迦牟尼佛在讲说密法时所呈现的化身，是噶举派的本尊护法神。常被描绘成全身深蓝色，盘腿跌坐在莲花宝座上。两只手交叉在胸前，手中分别持金刚杵和金刚铃，象征着摧毁一切妖魔鬼怪的强大法力。金刚持还有双身造型，他怀里抱着的明妃也是深蓝色，她一手握着骷髅碗，一手握着弯刀。

རྡོ་རྗེ་འཆང་།

རྡོ་རྗེ་འཆང་ནི་སངས་རྒྱས་ཤཱཀྱ་ཐུབ་པའི་གསང་སྔགས་ཀྱི་ཡི་དམ་གཙོ་བོ་ཞིག་ཡིན་ཞིང་། བོད་བརྒྱུད་ནང་བསྟན་གྱི་བཀའ་བརྒྱུད་པའི་ཆོས་བརྒྱུད་ལྟར་ན་རྡོ་རྗེ་འཆང་ནི་བཀའ་བརྒྱུད་པའི་ཡི་དམ་གཙོ་བོའི་གྲས་སུ་འཛོག ནམ་རྒྱུན་དུ་ལྡེབས་རིས་དང་ཞལ་ཐང་དུ་སྐུ་ལུས་མཐོན་མཐིང་གི་མདོག་ཏུ་བཀོད་ཡོད་པ་དང་། རྡོ་རྗེ་སྐྱིལ་ཀྲུང་དུ་ཉི་ཟླའི་འོད་ཟེར་དང་བཅས་པའི་དཀྱིལ་འཁོར་དུ་པད་མས་བརྒྱན་པའི་སེང་གེའི་ཁྲི་སྟེང་དུ་བཞུགས་པ་ཡིན། སྐུའི་ཆ་བྱད་སྒྲིར་བཏང་དུ་ཕྱག་གཉིས་བསྣོལ་མར་བྲང་གཞུང་དུ་སོ་སོར་རྡོ་རྗེ་ཕུར་པ་དང་རྡོ་རྗེའི་དྲིལ་བུ་བསྣམས་ཡོད་ལ་བདུད་འདྲེ་གདོན་བགེགས་ཐམས་ཅད་ཞི་བར་བྱེད་པའི་ནུས་མཐུ་ཆེན་པོ་ལྡན་པ་ཞིག་ཡིན། མཚམས་རེར་ལྡེབས་རིས་དང་ཞལ་ཐང་དུ་དཔལ་གསང་བ་འདུས་པའི་ཡབ་ཡུམ་མཉམ་དུ་སྦྱོར་པའང་མཇལ་ཐུབ། གསང་ཡུམ་ཡང་ཁོང་གི་སྐུ་མདོག་དང་འདྲ་བར་འཁོད་ཅིང་ཕྱག་སོ་སོར་ཀ་ལི་དང་རལ་གྲི་བསྣམས་ཡོད།

Vajradhara

Vajradhara is the tantric manifestation of Buddha Shakyamuni, and the guardian deity in the Kargyupa Sect of Tibetan Buddhism. Vajradhara is usually shown dark blue and seated in the full-lotus posture on a lotus throne. His two arms are crossed in front of his chest holding a Vajra and a bell, symbolizing his great power over all demons. Sometimes, he is depicted as embracing his consort who is also dark blue in color and holds a skull cup and a curved knife.

● 金刚持 / 巴桑加布 绘

龙树大师

龙树大师是佛教中观学派的创始人，著名的佛教哲学家，“二胜六庄严”之一，于公元 2 世纪出生在南印度一婆罗门之家。龙树，意为圣龙。据相关史书记载，当他出生时，有人预言他只能活到七岁，因此他广受佛教大师的长寿仪轨，使寿命得到了延长。龙树大师像可以通过身后的五到九条蛇辨认。

མགོན་པོ་ཀླུ་སྒྲུབ།

མགོན་པོ་ཀླུ་སྒྲུབ་ནི་ནང་པའི་གྲུབ་མཐའ་དབུ་མ་པའི་ཤིང་རྟའི་སྲོལ་འབྱེད་མཁན་ཡིན་ཞིང་སྤྱི་ལོའི་དུས་རབས་གཉིས་པར་རྒྱ་གར་ལྷོ་ཕྱོགས་ཀྱི་བེ་དར་བྷ་ཊ་བྲམ་ཟེའི་རིགས་སུ་སྐུ་འཁྲུངས། བོད་ཀྱི་ལོ་རྒྱུས་ནང་འཁོད་པ་ལྟར་ན་ཁོང་དགུང་ལོ་བདུན་ལས་བསྲིང་ཐབས་མ་བྱུང་བར་གསུངས། སྐབས་དེ་ནས་ཁོང་གིས་ནང་པའི་བཤེས་གཉེན་གང་མང་ལ་བརྟེན་ནས་ཚེའི་གདམས་ངག་བསྐུལ་བས་སྐུ་ཚེ་བརྟན་པར་བྱུང་། ཁོང་རྒྱན་དྲུག་མཆོག་གཉིས་ཀྱི་ཁོངས་སུ་ཡང་གཏོགས་སོ། །

Nagarjuna

Nagarjuna is one of the Six Ornaments and Two Supreme Buddhist Philosophers of India and the founder of the middle way tradition. He was born in south India during the 2nd century AD.

"Nagarjuna" means "noble serpent". According to historical records, when he was born, someone prophesied that he would only live until the age of seven, so he received rituals for longevity from many Buddhist masters and successfully extended his lifespan. Nagarjuna's image in Tibetan Buddhism can be easily identified by the five to nine snakes behind him.

龙树大师 / 巴桑次仁 绘

莲花生大师

莲花生大师因相传生于湖中莲花而得名，藏语音译成“白玛琼乃”。他是古印度密宗大师，公元8世纪时，由吐蕃第三十八代赞普赤松德赞邀请入藏，被尊为藏传佛教宁玛派的鼻祖。常见艺术形象为身着王族长袍，盘坐在从湖中盛开的莲花宝座上。肤色白里透红，表情介于寂静与愤怒之间。右手持金刚杵，左手持寿瓶颅器，左肘挟骷髅天杖。莲花生大师的八变化身像经常被供奉在藏传佛教寺院里。

སློབ་དཔོན་པདྨ་འབྱུང་གནས།

སློབ་དཔོན་པདྨ་འབྱུང་གནས་ནི་པད་མའི་མཚོའུ་ལས་སྐུ་འཁྲུངས་པས་ན་པད་མ་ལས་སྐྱེས་ཞེས་གསུངས་ཤིང་། བོད་སྐད་དུ་པད་མ་འབྱུང་གནས་ཞེས་སུ་གསོལ་བ་ཡིན། ཁོང་ནི་རྒྱ་གར་གྱི་གསང་སྔགས་མཁས་ཆེན་ཞིག་ཡིན་ཞིང་། དུས་རབས་བརྒྱད་པའི་སྐབས་བོད་སྤུར་རྒྱལ་བཙན་པོ་ཆོས་རྒྱལ་ཁྲི་སྲོང་ལྡེ་བཙན་གྱིས་བོད་དུ་གདན་དྲངས། པདྨ་འབྱུང་གནས་སྐུ་མདོག་དམར་སྐྱ། ཁམས་གསུམ་ཟིལ་གྱིས་གནོན་པའི་གཟིགས་སྟངས་ཅན། ཕྱག་གཡས་རྡོ་རྗེ་ཐུགས་ཀར་འཛིན་ཅིང་། ཕྱག་གཡོན་བདུད་རྩིས་གང་བའི་བུམ་པ་བསྣམས་པ། མཆན་ཁུང་ན་ཁ་ཊྭཾ་ག་རྩེ་གསུམ་གྱིས་བརྒྱན་པ། དབུ་ལ་རིགས་བདག་རང་བཞིན་གྱི་དབུ་རྒྱན་པཎ་ཞུ་དང་། སྐུ་ལ་ཟ་འོག་གི་བེར་ཆེན་གསོལ་བ། སྐྱིལ་ཀྲུང་ཕྱེད་པས་བཞུགས་པའི་མཐའ་སྐོར་དུ་དཔའ་བོ་མཁའ་འགྲོ་རིག་འཛིན་པཎ་གྲུབ་ཉི་ཟེར་གྱི་རྡུལ་བཞིན་དཀྲིགས་པའི་བསྐོར་ནས་བཞུགས། སློབ་དཔོན་པདྨ་འབྱུང་གནས་ནི་བོད་བརྒྱུད་ནང་བསྟན་གྱི་ཆོས་བརྒྱུད་རྙིང་མ་བའི་གྲུབ་མཐའི་

སྲོལ་གཏོད་པ་པོ་ཡིན་ཞིང་ཟ་ཧོར་རྒྱལ་པོའི་ཆ་ལུགས་འཛིན། དེང་དགོན་སྡེ་
རྣམས་ཀྱི་ནང་ངམ་ཞལ་ཐང་ཐོག་པདྨ་འབྱུང་གནས་ཀྱི་གུ་རུ་མཚན་བརྒྱད་
བཅས་ཀྱི་གཟུགས་སྐུ་གང་སར་མཇལ་རྒྱུ་ཡོད།

Padmasambhava

Padmasambhava, known as the “lotus born one”, was a famous Indian tantric master who was invited to Xizang by the Tubo ruler Trisong Detsen in the 8th century. He is usually depicted as wearing royal robes and sitting on a lotus blossom that rises from a lake. He has a flesh-colored body and a stern and regal facial expression. His right hand holds a Vajra and left hand a skull cup containing a vase of the nectar of immortality. He carries a tantric staff surmounted by a trident in the fold of his left arm. He wears the folded red hat of the Nyingmapa Sect as he was the founder of the Buddhist sect. There are eight manifestations of Padmasambhava usually shown together in monasteries.

莲花生大师 / 夏鲁旺堆 绘

寂护大师

寂护大师是印度著名的佛教大学者，公元8世纪时被吐蕃第三十八代赞普赤松德赞迎请至西藏，建西藏第一座佛、法、僧三宝俱全的佛教寺院桑耶寺，并且为后来被称为“七觉士”的七个贵族子弟授戒出家，同赤松德赞和莲花生大师一起被尊称为“师君三尊”。其像为金色，着黄色袈裟，有时右手置于胸前作说法印。

མཁན་ཆེན་ཞི་བ་འཚོ།

མཁན་ཆེན་ཞི་བ་འཚོ་ནི་སྙན་གྲགས་ཤིན་ཏུ་ཆེ་བའི་ནང་བསྟན་གྱི་མདོ་རྒྱུད་མཁས་དབང་ཞིག་ཡིན་པ་མ་ཟད། བསྟན་པ་འཛིན་སྐྱོང་སྤེལ་ལ་གཞོལ་བའི་སྐྱེས་ཆེན་ཞིག་ཡིན། དུས་རབས་བརྒྱད་པའི་ནང་བོད་སྤུར་རྒྱལ་བཙན་པོ་གདུང་རྒྱུད་སུམ་ཅུ་སོ་བརྒྱད་པ་ཆོས་རྒྱལ་ཁྲི་སྲོང་ལྡེ་བཙན་སྐབས་བོད་དུ་གདན་འདྲེན་ཞུས་པ་དང་། དེ་ནས་ཁོང་གི་སློབ་སྟོན་འོག་བོད་དུ་ནང་པའི་དགོན་པ་ཐོག་མ་བསམ་ཡས་དགོན་ཉིད་ཕྱག་བཏབ་པ་དང་། བོད་ཀྱི་སད་མི་བདུན་བྱུང་བ་ཡིན། ཁོང་དང་ཆོས་རྒྱལ་ཁྲི་སྲོང་ལྡེ་བཙན། སློབ་དཔོན་པདྨ་འབྱུང་གནས་བཅས་ལ་མཁན་སློབ་ཆོས་གསུམ་ཏུ་འབོད་པ་ཡིན་ཞིང་། ཁོང་གི་སྐུ་མདོག་སེར་པོ་ཡིན་ཞིང་ཕྱག་གཡས་པ་སྐུ་མདུན་དུ་ཕྱག་རྒྱའི་རྣམ་པ་མི་འདྲ་བ་བཞེས་ཡོད།

Shantarakshita

Shantarakshita was a famous Indian Buddhist scholar. In the 8th century, the 38th Tubo ruler Trisong Detsen invited him to Xizang where he directed the construction of the Samye Monastery, the first monastery of Xizang, and ordained the first group of Tibetan monks called the "Seven Examined Men". He was included in the Triad of the Abbot (Shantarakshita), the Master (Padmasambhava) and the Religious ruler (Trisong Detsen). Shantarakshita is depicted as golden in color, wearing the yellow robes of a monk. His right hand is sometimes held to his heart in the gesture of teaching.

● 寂护大师 / 罗布 绘

阿底峡大师

阿底峡是古印度著名的佛学大师，11世纪时来到西藏并对西藏佛教的复兴做出巨大贡献。常见形象呈金身或肉身，着僧衣，头戴红色尖帽，双手当胸结说法印，双足结跏趺坐于莲花宝座中央。在他右身后有一座金佛塔，左身后有一筐经书。阿底峡和他的弟子仲敦巴、俄勒白喜饶被称作“觉俄仲松（三）”，常见于藏传佛教寺院唐卡、壁画上。

ཇོ་བོ་རྗེ་ཨ་ཏི་ཤ

ཇོ་བོ་རྗེ་དཔལ་ལྡན་ཨ་ཏི་ཤ་ནི་རྒྱ་གར་དུ་སྐད་གྲགས་ཡོད་པའི་ནང་པའི་མཁས་པ་ཞིག་ཡིན་ལ། དུས་རབས་བཅུ་གཅིག་པའི་སྐབས་སུ་ཁོང་ཉིད་བོད་དུ་གུ་གེ་རྒྱལ་པོས་གདན་དྲངས་ནས་བོད་ལ་བཀའ་དྲིན་བླ་ན་མེད་པའི་བསྟན་པ་ཕྱི་དར་གྱི་དར་ཁྱབ་མཛད་ཡོད་པ་དང་། བསྟན་པ་ལ་དག་ཐེར་དང་བྱང་ཆུབ་ལམ་སྒྲོན་སོགས་མཛད་དེ་བཀའ་གདམས་པའི་སྲོལ་ཕྱེ། སྐུའི་ཞལ་རས་དམར་ཤས་ཆེ་ལ་སྐུ་མདོག་སེར་པོར་བཞེངས་ཡོད། ཁོང་གི་སྐུ་རྒྱབ་ཏུ་མཆོད་རྟེན་དང་དཔེ་ཁྲི་བཞུགས་ཡོད། ཇོ་རྔོག་འབྲོམ་གསུམ་ནི་ཁོང་དང་ཁོང་གི་སློབ་མ་འབྲོམ་སྟོན་པ་རྒྱལ་བའི་འབྱུང་གནས་དང་རྔོག་ལེགས་པའི་ཤེས་རབ་གསུམ་མཉམ་དུ་བཞེངས་པའི་བཀའ་གདམས་པའི་ཡབ་སྲས་གསུམ་དུ་གྲགས་ཤིང་ཞལ་ཐང་དང་ལྡེབས་རིས་སོགས་སུ་མངོན་ནོ།།

Atisha

Atisha was the ancient Indian Buddhist master who helped revive Buddhism in Xizang in the 11th century. He is usually depicted with a golden or flesh-colored body, sitting on a lotus throne in the full-lotus posture. His two hands are in the gesture of teaching. He wears the robes of a monk with a blue vest and a red hat. He can be identified easily by the stupa and the basket of scriptures placed beside him. Dromtonpa and Ngok Legpai Sherab were two famous disciples of Atisha, and together they are known as the Triad of the Kadampa Sect.

● 阿底峡大师 / 夏鲁旺堆 绘

米拉热巴大师

米拉热巴大师是噶举派的创始人之一，藏传佛教历史上最伟大的瑜伽修行者。他师从玛尔巴大师学法七年，又在西藏聂拉木的山洞中修行九年。通常被描绘为坐在洞中进行瑜伽修行之像，身着单层白色棉布长袍，系一条红色带子。全身皮肤有时呈浅绿色，因其修行时只喝荨麻汤所致。米拉热巴大师留着长发，通常左手握着骷髅碗，右手置于右耳旁，表示他以唱道歌传法，他的道歌源源不断传遍西藏各地。

རྗེ་བཙུན་མི་ལ་རས་པ།

རྣལ་འབྱོར་དབང་ཕྱུག་ཆེན་པོ་རྗེ་མི་ལ་རས་པ་ནི་བཀའ་བརྒྱུད་པའི་སྲོལ་གཏོད་པ་པོའི་གྲས་ཤིག་ཡིན་པ་དང་། བོད་བརྒྱུད་ནང་བསྟན་ནང་གྲགས་ཆེ་ཤོས་ཀྱི་རྣལ་འབྱོར་པ་ཞིག་ཀྱང་ཡིན། ཁོང་གིས་མར་པ་ལོ་ཙྪ་བ་སློབ་དཔོན་དུ་བསྟེན་ནས་ལུང་རྟོགས་ཀྱི་ཡོན་ཏན་བྱམས་པ་གང་བྱོའི་ཚུལ་གྱིས་མི་ལོ་བདུན་ཙམ་བཞེས། ཆེ་འདི་ལ་དཀའ་ཆེན་བརྒྱད་མཛད་ནས་སྒོམ་སྒྲུབ་མི་ལོ་དགུ་ལ་མཆོག་གི་དངོས་གྲུབ་བརྙེས། རྟོག་པ་གློང་དུ་བརྫོལ་ཞིང་གདུལ་བྱ་མང་པོ་ཐར་ལམ་དུ་བཙུད། སྤྱིར་བཏང་བྱས་ན། ཁོང་ནི་སྒྲུབ་ཕུག་ཏུ་མཉམ་བཞག་གི་ཚུལ་དུ་བཞུགས། སྐུ་ལུས་ལ་རས་དཀར་རྐྱང་པ་མཆོད་པ་ལ་དར་དམར་དཀྲིལ་ཞིང་། སྐུ་མདོག་ལྗང་ཐོན་གྱི་རྣམ་པ་མངོན་པ་དང་སྒོམ་སྒྲུབ་སྐབས་སུ་ཟྭ་ཐུག་ཁོ་ནར་འཚོ་རྟེན་གནང་། རྗེ་མི་ལའི་དབུ་སྐྲ་རིང་ལ་རལ་པའི་ཚུལ་དུ་ཕྱག་གཡོན་ལ་ཀ་པ་ལི་འཛིན་པ་དང་ཕྱག་གཡས་པ་རྣ་བའི་འགྲམ་དུ་བཞག་ནས་མགུར་སྒྲུ་གཏོང་བའི་གཟུགས་བརྙན་མཚོན།

Master Milarepa

Master Milarepa was one of the founders of the Kargyupa Sect. He is the greatest Yogi in Tibetan Buddhism. Milarepa paid homage to the Great Translator Marpa and mastered all teachings from Marpa in 7 years. Then he meditated in a cave near Nyalam County in Xizang for 9 years until he achieved ultimate enlightenment. He is usually depicted as sitting in a cave in a thin and long white robe and a red belt. His skin is either flesh-colored or has a light green hue due to his strict diet of nettle soup for many years. He has long hair. His left hand holds a skull bowl and his right hand presses his ear forward in the attitude of singing his songs of realization.

米拉热巴大师 / 夏鲁旺堆 绘

唐东杰布

唐东杰布是著名的藏族建筑师，也是藏戏的开山鼻祖，对西藏传统藏医学的发展也做出了杰出的贡献。唐东杰布是藏族历史上第一位建铁索桥的建筑师，终其一生共建五十多座铁索桥。由于他的种种功绩，现在人们仍用不同的方式怀念他。在藏传佛教寺院里，我们常可见到白须白眉、神态安详、和蔼可亲、手持铁索的唐东杰布的形象。

གྲུབ་ཐོབ་ཐང་སྟོང་རྒྱལ་པོ།

ཐང་སྟོང་རྒྱལ་པོ་ནི་མིང་རྒྱལ་རབས་དུས་ཀྱི་བོད་ཀྱི་འཛུགས་སྐྲུན་པ་ཞིག་དང་བོད་ཀྱི་ལྷ་མོ་ཟློས་གར་གྱི་སྲོལ་འབྱེད་པ་ཞིག་ཀྱང་ཡིན་ལ། བོད་ཀྱི་སྲོལ་རྒྱུན་སྨན་དཔྱད་ཐད་ལའང་བླ་ན་མེད་པའི་ལེགས་སྐྱེས་ཕུལ་ཡོད། ཁོང་གི་སྐུ་ཚེ་གང་པོར་ཁྱོན་བསྡོམས་ལྕགས་ཟམ་ལྔ་བཅུ་ལྷག་ཙམ་བཙུགས་ཡོད་པ་མ་ཟད། བོད་ཀྱི་ལོ་རྒྱུས་ཐོག་གི་ལྕགས་ཟམ་བསྐྲུན་མཁན་ཐོག་མ་དེའང་ཡིན་ཞེས་གྲགས་ཤིང་། ཁོང་ལ་དེ་ལྟ་བུའི་མཛད་འཕྲིན་ཡོད་པས་མི་རྣམས་ཀྱིས་ཐབས་སྣ་ཚོགས་ལམ་ནས་ཁོང་ལ་དྲན་གསོ་བྱེད་བཞིན་ཡོད། བོད་ཀྱི་ས་ཆ་མང་པོར་དགོན་པ་དང་ཐང་གའི་ཐོག་ཞལ་སྤུ་དཀར་ལ་སྨིན་མ་དཀར་བ་དང་བློ་བག་བདེ་ཞིང་བྱམས་བརྩེས་ཕྱུག་ལ་ཕྱག་ཏུ་ལྕགས་ཐག་བསྣམས་པའི་ཐང་སྟོང་རྒྱལ་པོའི་སྐུ་འདྲ་ཞིག་ང་ཚོར་རྟག་ཏུ་མཇལ་རྒྱུ་ཡོད།

Tangtong Gyalpo

Tangtong Gyalpo was a famous Tibetan architect during the Ming Dynasty. He was also the founder of Tibetan Opera and made valuable contributions to traditional Tibetan medicine. He was the first architect to build chain bridges in Xizang, and built more than fifty chain bridges during his lifetime. Because of his great contributions, people still commemorate him in many different ways including enshrining his image at home. The image of Tangtong Gyalpo can be easily recognized by the white beard, white eyebrows, and a chain in the hand.

● 唐东杰布 / 昂仁旦平 绘

宗喀巴大师

宗喀巴大师是 14 世纪藏传佛教的大成就者，也是藏传佛教格鲁派的创始人，被认为是文殊菩萨的化身。常见形象身呈金色或肉色，着袈裟，戴黄帽。双手于胸前结说法印并持有两根莲花茎，莲花上分别放有剑和经书（文殊菩萨的象征）。宗喀巴大师通常被描绘成和贾曹杰（在他的右侧）、克珠杰（在他的左侧）这两位主要弟子组合的法像，藏传佛教信徒把他们三人合称为“格鲁派师徒三尊”。

རྗེ་ཙོང་ཁ་པ།

རྗེ་ཙོང་ཁ་པ་ནི་དུས་རབས་བཅུ་བཞི་པའི་ནང་བྱུང་བའི་མཁས་དབང་ཞིག་ཡིན་པ་དང་། བོད་བརྒྱུད་ནང་བསྟན་གྱི་དགེ་ལུགས་པའི་ཆོས་བརྒྱུད་སྲོལ་གཏོད་མཁན་ཡང་ཡིན། མི་རྣམས་ཀྱིས་ཁོང་ནི་འཇམ་དཔལ་དབྱངས་ཀྱི་རྣམ་སྤྲུལ་དུ་ངོས་འཛིན་པ་དང་། ཁོང་གིས་དུས་རྒྱུན་དུ་དབུ་ཞྭ་སེར་པོ་ཞིག་བཞེས་པ་དང་ཕྱག་གཉིས་ཀྱིས་པདྨའི་འདབ་སྟོང་བསྣམས་ཤིང་དེའི་སྟེང་དུ་རལ་གྲི་དང་དཔེ་ཆ་བཞེས་ཡོད་ཅིང་། ཆ་བྱད་དེ་ནི་འཇམ་དཔལ་དབྱངས་ཀྱི་མཚོན་སྟངས་ཀྱང་ཡིན། བོད་ཀྱི་དགོན་སྡེ་ཁག་ནང་དུ་ཁོང་གི་གཡས་སུ་སློབ་མ་རྒྱལ་ཚབ་དར་མ་རིན་ཆེན་དང་གཡོན་དུ་མཁས་གྲུབ་དགེ་ལེགས་དཔལ་བཟང་གཉིས་བཞུགས་པ་མཇལ་རྒྱུ་ཡོད། དེར་བརྟེན་ཁོང་རྣམ་པ་གསུམ་ལ་རྒྱལ་བ་ཡབ་སྲས་གསུམ་ཞེས་འབོད་དོ།།

Tsongkhapa

Tsongkhapa was a reformer of Tibetan Buddhism and the founder of the Gelugpa Sect in the 14th century. He is considered as an incarnation of Manjushri, the Bodhisattva of Wisdom. In Tibetan Buddhist art, his body is either golden or flesh-colored. He wears the robes of a monk and a yellow hat. His two hands are in the gesture of teaching and hold two lotus blossoms that bear a sword and a Sutra, emblems of Manjushri. He is often depicted in a trinity with his two chief disciples, Gyeltsab Je (to his right) and Khedrup Je (to his left).

宗喀巴大师 / 夏鲁旺堆 绘

松赞干布

松赞干布是吐蕃第三十三代赞普，公元 7 世纪统一雪域高原。这一时期，创制藏文，迎娶文成公主和赤尊公主，修建寺庙引进佛教，被认为是观音菩萨的化身。松赞干布通常被描绘成端坐在宝座上、肤色呈白色或肉色、着赞普装束的形象。辨认松赞干布的主要标志为：他手持法轮和莲花，头上裹着一块头巾，头巾里包裹着一尊红色的无量光佛像。

ཆོས་རྒྱལ་སྲོང་བཙན་སྒམ་པོ།

སྲོང་བཙན་སྒམ་པོ་ཁོང་གིས་སྤྱི་ལོ་དུས་རབས་བདུན་པའི་ནང་གངས་ལྗོངས་མཐོ་སྒང་གཅིག་གྱུར་བྱས་པ་དང་། བཙན་པོ་འདིའི་སྐབས་བོད་ཡིག་གསར་གཏོད་མཛད་ཅིང་། རྒྱ་བཟའ་དང་བལ་བཟའ་གདན་དྲངས་ནས་མཐའ་འདུལ་ཡང་འདུལ་གྱི་གཙུག་ལག་ཁང་སོགས་བཞེངས། བོད་དུ་ནང་པ་སངས་རྒྱས་པའི་ཆོས་ལུགས་དར་སྤེལ་གཏོང་འགོ་བཙུགས་པའི་བོད་སྤུར་རྒྱལ་གྱི་བཙན་པོ་ཞིག་ཡིན་ལ། དུས་རྒྱུན་མི་རྣམས་ཀྱིས་ཁོང་ཉིད་འཕགས་པ་སྤྱན་རས་གཟིགས་ཀྱི་རྣམ་སྤྲུལ་ལ་ངོས་འཛིན་གྱི་ཡོད། ཁོང་གི་དབུའི་སྟེང་ན་བཏུམས་པའི་འོད་དཔག་མེད་ཀྱི་སྐུ་ཞིག་ཡོད་ཅིང་ཕྱག་ན་ཆོས་འཁོར་དང་མེ་ཏོག་པདྨ་བསྣམས་ཡོད་པ་རེད།

Songtsen Gampo

Songtsen Gampo was the 33rd ruler of the Tubo Period. who unified the Qinghai-Xizang plateau in the 7th century and introduced Buddhism to Xizang. During his time, Tibetan script was invented, Jokhang Temple and potala palace were Built, and the Tang princess wencheng and the Nepalese princess Bhrikuti Devi married him. He is considered as an incarnation of Avalokitesvara. In Tibetan Buddhist art, he has a white or flesh-colored body, wears the royal attire of a ruler and sits on a throne. He usually holds a Dharma-wheel and a lotus blossom. On his head, he wears a turban which is folded around an image of a red Amitabha Buddha.

松赞干布 / 平措扎西 绘

赤松德赞

赤松德赞是吐蕃第三十八代赞普，他从印度邀请了寂护大师和莲花生大师，修建了西藏第一座佛、法、僧三宝俱全的寺庙——桑耶寺，大量佛经和典籍翻译成藏文，为佛教在西藏的传播做出了巨大贡献。他本人是一位非常虔诚的佛教徒，被认为是文殊菩萨的化身。常见形象手持莲花、剑、经书，象征着他拥有文殊菩萨的智慧。赤松德赞同松赞干布和赤祖德赞一起被称为吐蕃时期的“祖孙三法王”。

ཆོས་རྒྱལ་ཁྲི་སྲོང་ལྡེ་བཙན།

ཁྲི་སྲོང་ལྡེ་བཙན་ནི་བོད་སྤུར་རྒྱལ་བཙན་པོ་སོ་བརྒྱད་པ་ཡིན་ཞིང་། ཁོང་གིས་མཁན་ཆེན་ཞི་བ་འཚོ་དང་སློབ་དཔོན་པདྨ་འབྱུང་གནས་གཉིས་གདན་དྲངས་ནས་བོད་དུ་སངས་རྒྱས་བསྟན་པའི་དགོན་སྡེ་ཐོག་མ་བསམ་ཡས་མི་འགྱུར་ལྷུན་གྱིས་གྲུབ་པའི་གཙུག་ལག་ཁང་བཞེངས་ཤིང་། ཆོས་དང་རིག་གཞུང་ཧ་ཅང་མང་པོ་བོད་དུ་བསྒྱུར་ནས། སངས་རྒྱས་བསྟན་པ་བོད་དུ་སྤེལ་བར་བྱས་རྗེས་རླབས་ཆེན་བཞག་ཡོད། ཆོས་རྒྱལ་ཁོང་ནི་འཇམ་པའི་དབྱངས་ཀྱི་སྤྲུལ་པར་གསུངས་ཤིང་སྐུ་བརྙན་དུའང་འཇམ་དཔལ་དབྱངས་ཀྱི་ཕྱག་མཚན་རལ་གྲི་བཀོད་ཡོད། ཆོས་རྒྱལ་སྲོང་བཙན་སྒམ་པོ་དང་ཆོས་རྒྱལ་ཁྲི་སྲོང་ལྡེ་བཙན། ཆོས་རྒྱལ་ཁྲི་གཙུག་ལྡེ་བཙན་རལ་པ་ཅན་གསུམ་ལ་བོད་ཀྱི་ཆོས་རྒྱལ་མེས་དབོན་རྣམ་གསུམ་ཞེས་གྲགས་སོ།།

Trisong Detsen

Trisong Detsen was the 38th ruler of the Tubo Period. He invited Shantarakshita and Padmasambhava to Xizang, and built the first monastery in Xizang, the Samye Monastery which contains the Buddha, Dharma and Sangha. At that time, a large number of Buddhist scriptures were translated into Tibetan. He did a great contribution to the spreading of Buddhism to Xizang. He is considered as an incarnation of Manjushri, so he holds the lotus blossoms that bear a sword and a Sutra, emblems of the wisdom of Manjushri. Songtsen Gampo, Trisong Detsen, and Tritsuk Detsen are called "The Three Great Religious rulers of the Tubo Period".

赤松德赞 / 平措扎西 绘

赤祖德赞

赤祖德赞是吐蕃第四十一代赞普，也是吐蕃的“祖孙三法王”之一，是吐蕃最后一代赞普赤达玛乌冬赞(朗达玛)的胞弟。由于其志向及能力均在哥哥之上，便被选为赞普。赤祖德赞建立了很多佛教寺庙，并立法规定每户家庭均需送一个男孩到寺庙当僧人，而且每七户家庭必须供养一名僧人。他对佛教的维护和弘扬引起了不满，最后被赤达玛乌冬赞的大臣所谋杀。赤祖德赞留了很长的头发和浓密的络腮胡，被人们称为“赤热巴坚”。藏语里“热巴”指长而卷的发型，也可指浓密的络腮胡。

ཆོས་རྒྱལ་ཁྲི་གཙུག་ལྡེ་བཙན།

ཁྲི་གཙུག་ལྡེ་བཙན་ནི་བོད་སྤུར་རྒྱལ་བཙན་པོ་ཞེ་གཅིག་པ་ཡིན་ཞིང་། བོད་ཀྱི་ཆོས་རྒྱལ་མེས་དབོན་རྣམ་གསུམ་གྱི་གྲས་ཤིག་ཀྱང་ཡིན་ལ། བཙན་པོའི་དུས་སྐབས་མཐའ་མ་འུ་དུམ་བཙན་པོའི་གཅུང་པོ་ཡིན། འོན་ཀྱང་ཁོང་ནི་གཅེན་པོ་འུ་དུམ་བཙན་ལས་བློ་གྲོས་ཆེ་བའི་རྐྱེན་གྱིས་གཅེན་པོའི་སྔོན་དུ་བཙན་པོར་བསྐོས་པ་ཡིན། ཁོང་གི་དབུ་སྐྲ་རིང་པོ་བཞག་ཡོད་རྐྱེན་ཚང་མས་ཁྲི་རལ་པ་ཅན་ཞེས་འབོད་ཀྱི་ཡོད། ཁོང་ནི་སངས་རྒྱས་ཆོས་ལུགས་ལ་དད་པ་ཤིན་ཏུ་ཆེ་རྐྱེན་དགོན་པ་མང་པོ་གསར་བཞེངས་གནང་བ་དང་སྒྲིགས་དུད་ཁྱིམ་རེ་རེས་ངེས་པར་དུ་ཕྲུ་གུ་བུ་ཞིག་གྲྭ་པ་བྱེད་དུ་བཅུག་པ་མ་ཟད་དུད་ཁྱིམ་བདུན་རེས་གྲྭ་པ་རེ་གསོ་སྐྱོང་བྱ་རྒྱུའི་ཁྲིམས་སྲོལ་གཏན་འཁེལ་བྱས། ཁོང་ནས་སངས་རྒྱས་ཆོས་ལུགས་ལ་ཤུགས་ཆེའི་རྒྱབ་སྐྱོར་དང་དད་ཞེན་བྱས་སྟབས་གཞན་གྱིས་ཡི་མ་རངས་པར་མཐར་འུ་དུམ་བཙན་པོའི་བློན་པོས་སྐྱིག་གསོད་བཏང་བ་ཡིན་ཟེར།

Tritsuk Detsen

Tritsuk Detsen was the 41st Tubo ruler and one of "The Three Great Religious rulers of the Tubo Period". He ruled Xizang during the 9th century and was the younger brother of Lang Darma, who was the last ruler of the Tubo Period and a strong supporter of Bon religion (the native religion of Xizang). The reason why Tritsuk Detsen was appointed as ruler before his elder brother was that he was more promising and dedicated. During his lifetime he built some Buddhist monasteries and temples. Furthermore, he introduced a law which required that each family provide one son to serve as a monk in Buddhist monasteries, and that every seven households support one monk financially. Because of his strong support for Buddhism, he was killed by some ministers who were on the side of Lang Darma. Tritsuk Detsen can be recognized by his bushy beard, that is why he was also known as "Tri Ralpachen", which means "dense hair and beard " in Tibetan.

赤祖德赞 / 平措扎西 绘

五世达赖喇嘛

五世达赖喇嘛阿旺罗桑嘉措出生于山南琼结县。1622 年四世达赖喇嘛圆寂后，在四世班禅额尔德尼的主持下被认定为四世达赖喇嘛的转世灵童，并拜四世班禅额尔德尼为上师，随后担任了哲蚌寺和色拉寺住持。1641 年，他与四世班禅喇嘛派遣使者前往青海邀请固始汗率军进入西藏，在西藏建立了格鲁派的政权，即以五世达赖喇嘛为首的噶丹颇章地方政权。1652 年，五世达赖喇嘛应清朝顺治皇帝之邀前往北京觐见，被授予“西天大善自在佛所领天下释教普通瓦赤喇怛喇达赖喇嘛”的称号和金印。在他治理西藏事务期间，西藏政教合一制度开始形成，人们称他为伟大的五世。他被描绘为喇嘛形象，头戴格鲁派黄帽，表情严肃。左手持法轮，右手结说法印。有时五世达赖喇嘛容貌特征为嘴上边稍弯曲的胡子。

ཏཱ་ལའི་བླ་མ་སྐུ་ཕྲེང་ལྔ་པ།

རྒྱལ་དབང་ལྔ་པ་ཆེན་མོ་ངག་དབང་བློ་བཟང་རྒྱ་མཚོ་ནི་ལྷོ་ཁ་འཕྱོངས་རྒྱས་འཕྱིང་བ་སྟག་རྩེའི་ཉེ་འགྲམ་དུ་སྐུ་འཁྲུངས། དགུང་ལོ་དྲུག་ཐོག་ཏུ་པཎ་ཆེན་བློ་བཟང་ཆོས་རྒྱན་སོགས་ཀྱིས་འབྲས་སྤུངས་སུ་གདན་སར་བསྐོད་པ་དང་པཎ་ཆེན་ཐམས་ཅད་མཁྱེན་པ་ལས་རབ་ཏུ་བྱུང་ཞིང་རྗེས་སུ་འབྲས་སྤུངས་དང་སེ་ར་ལ་བཞུགས་པ་ཡིན། སྤྱི་ལོ་༡༦༤༡ལོར་ཁོང་དང་པཎ་ཆེན་སྐུ་ཕྲེང་བཞི་པ་རྣམ་གཉིས་ཀྱིས་མཚོ་སྔོན་དུ་གུ་ཤྲཱི་ཏན་ལ་ཕོ་ཉ་མངགས་ཏེ་སོག་དམག་བོད་དུ་དྲངས། དུས་དེ་ནས་བཟུང་ལྔ་པ་ཆེན་པོ་ནས་གཙོས་པའི་དགའ་ལྡན་ཕོ་བྲང་ས་གནས་སྲིད་དབང་དངོས་སུ་དབུ་ཚུགས། སྤྱི་ལོ་༡༦༥༢ལོར་ལྔ་པ་ཆེན་པོས་ཆིང་

གོང་མ་ཐབས་སྐྱོང་རྒྱལ་པོ་ཡི་བཀའ་ལྟར་པེ་ཅིང་དུ་ཕེབས་ཤིང་༼ནུབ་ཕྱོགས་ཀྱི་ཕུལ་བྱུང་ཞི་བ་སངས་རྒྱས་བསྟན་པའི་མངའ་བདག་ཐམས་ཅད་མཁྱེན་པ་རྡོ་རྗེ་འཆང་ལཱ་པ་ཆེན་པོ།༽ཞེས་པའི་མཚན་གནས་དང་ཕྱག་ཐམ་གནང་། ཁོང་གིས་སྐུ་ཁྲིད་འོག་ཆོས་སྲིད་ཟུང་འབྲེལ་གྱི་ལམ་ལུགས་འགོ་ཚུགས་པ་སོགས་སྐབས་དེ་ཙམ་ནས་བོད་ལ་བཀའ་དྲིན་ཆེ་ཞིང་བསྟན་པ་དར་བ་བཅས་ཀྱི་ཐོག་ནས་བོད་ཁ་བ་ཅན་གྱི་སྐྱབས་མགོན་ཆེན་པོར་གྱུར་པ་ཡིན་ནོ། །ལཱ་པ་ཆེན་པོ་ལ་ཁྱད་ཆོས་ཤིག་ཡོད་པ་ནི་ཞལ་ཟུར་དུ་ཅུང་འཁྱོག་པོར་གནས་པའི་ཞལ་སྨྲ་ཡོད།

The 5th Dalai Lama

The 5th Dalai Lama Lobsang Gyatso was born in a noble family in Chungyal, Lhoka. In 1622, with the support of the 4th Panchen Lama, he was recognized as the reincarnation of the 4th Dalai Lama. The 5th Dalai Lama paid homage to the 4th Panchen Lama as his religious tutor and later became the abbot of the Sera Monastery and the Drepung Monastery. In 1641, the 5th Dalai Lama sent envoys to Qinghai to invite Gushri Khan to Xizang. With the help of Gushri Khan, the 5th Dalai Lama successfully established the "Ganden Podrang Regime", the local authority of the Gelugpa Sect. In 1652, the 5th Dalai Lama met with Qing Emperor Shunzhi in Beijing and was conferred the title of "Dalai Lama" together with a gold seal by the emperor. He is depicted as a lama wearing monastic robes and a yellow Gelugpa sect hat. He sometimes has mustache and looks serious. In his left hand he holds a Dharma-wheel, and his right hand is in the gesture of teaching.

五世达赖喇嘛 / 罗桑措赤 绘

十三世达赖喇嘛

十三世达赖喇嘛土登嘉措于 1876 年出生在西藏东南部的达布地区（今朗县）, 在 1904 年英帝国主义侵略西藏江孜时，进行了态度明确的反抗。十三世达赖喇嘛对旧西藏教育体系的改革做出了巨大的贡献。在藏传佛教艺术描绘下，十三世达赖喇嘛身着袈裟，头戴格鲁派黄帽，右手持金刚杵，左手持金刚铃。有时手持莲花。另外，十三世达赖喇嘛跟五世达赖喇嘛一样，有时嘴边留有略微弯曲的胡须。

ཏཱ་ལའི་བླ་མ་སྐུ་ཕྲེང་བཅུ་གསུམ་པ།

ཏཱ་ལའི་བླ་མ་སྐུ་ཕྲེང་བཅུ་གསུམ་པ་ཐུབ་བསྟན་རྒྱ་མཚོ་མཆོག་ནི་སྤྱི་ལོ་༡༨༧༦ལོར་ལྷོ་ཁ་དྭགས་པོ་སྣང་རྫོང་དུ་སྐུ་འཁྲུངས་ཤིང་། སྤྱི་ལོ་༡༩༠༤ལོར་དབྱིན་ཇི་བཙན་རྒྱལ་རིང་ལུགས་པས་བོད་ལྗོངས་ཀྱི་རྒྱལ་རྩེ་ཁུལ་དུ་བཙན་འཛུལ་བྱེད་སྐབས་ཁོང་གིས་རྣམ་འགྱུར་ཁ་གསལ་གནང་ཡོད་ལ་བོད་ཀྱི་སློབ་གསོའི་མ་ལག་རྙིང་པའི་འགྱུར་བཅོས་ཐད་ལའང་གལ་ཆེའི་མཛད་འཕྲིན་འཛོག་གནང་མཛད་ཡོད། ཁོང་གིས་ན་བཟའ་ངུར་སྨྲིག་མཆོད་ཡོད་པ་དང་དགེ་ལུགས་པའི་དབུ་ཞྭ་གསེར་མདོག་ཅིག་བསྣམས་ཡོད་ཅིང་། ཕྱག་གཡས་སུ་རྡོ་རྗེ་བསྣམས་ཡོད་པ་དང་གཡོན་དུ་རྡོ་རྗེ་དྲིལ་བུ་ཞིག་བསྣམས་ཡོད། ཁོང་ལ་ལྔ་པ་ཆེན་པོ་དང་འདྲ་བར་ཁྱད་ཆོས་ཤིག་ཡོད་པ་ནི་ཞལ་ཟུར་དུ་ཅུང་འཁྱོག་པོར་གནས་པའི་ཞལ་སྨྲ་ཡོད།

The 13th Dalai Lama

The 13th Dalai Lama Thubtan Gyatso was born in 1876 in south-eastern part of Xizang (in present Nang county), and became one of the most famous Dalai Lamas. He made great contributions to the anti-British war in 1904 and to the reform of the education system in old Xizang. He is always shown seated on a cushioned throne, wearing monastic robes and a yellow hat of the Gelugpa Sect. He holds a Vajra in his right hand and a bell in his left hand. He may also be depicted as holding a lotus blossom. All Dalai Lamas are depicted in a similar form but with variations in their gestures and the symbols they hold. The 13th Dalai Lama and the 5th Dalai Lama sometimes have similar curved mustache.

十三世达赖喇嘛 / 罗桑措赤 绘

大威德金刚

大威德金刚是格鲁派主修的护法神，也是藏传佛教八大护法神之一。大威德金刚常见形象肌肤呈蓝黑色，有九头、三十四臂、十六足，当中为大水牛，脖子上挂着蛇链和由五十一颗头颅串成的项链。手握弯刀和骷髅碗，脚下踩有人和动物等生灵，象征战胜修法中的一切邪魔和愚昧。大威德金刚有时也被描绘成拥抱明妃的造型。

རྡོ་རྗེ་འཇིགས་བྱེད།

རྡོ་རྗེ་འཇིགས་བྱེད་ནི་འཇམ་དཔལ་དབྱངས་ཀྱི་སྐུ་དྲག་པོའི་རྣམ་སྤྲུལ་ཡིན་པ་དང་། ཞལ་དགུ་ཕྱག་སུམ་ཅུ་སོ་བཞི་དང་ཞབས་བཅུ་དྲུག་ལྡན་པ་ཞིག་ཡིན། རྩ་བའི་ཞལ་ནི་མ་ཧེའི་གདོང་མདོག་མཐིང་ནག གཡས་དཀར་གཡོན་དམར། སྟེང་འཇམ་པའི་དབྱངས་ཀྱི་ཞལ་སེར་པོ། སྦྲུལ་གྱི་སྐེ་རྒྱན་དང་ཀ་པ་ལི་ལྔ་བཅུ་ང་གཅིག་བསྐོར་ཡོད། ཕྱག་ལ་རལ་གྲི་དང་ཀ་པ་ལི་ཡི་ཐོར་པ་འཛིན་པ། ཞབས་འོག་ཏུ་དམ་སྲི་དང་སྲོག་ཆགས་བརྣན་པ་སོགས་མཚོན་དོན་གདོན་ལས་རྣམ་པར་རྒྱལ་བ། ཡང་འགའ་ཞིག་ཏུ་རྡོ་རྗེ་འཇིགས་བྱེད་ནི་གསང་ཡུམ་དང་མཉམ་དུ་སྦྱིབ་ནས་འཁོད་པ་ཡང་ཡོད།

Yamantaka

Yamantaka is a wrathful manifestation of Manjushri, the major guardian deity of the Gelugpa Sect, one of the eight important guardian deities in Tibetan Buddhism. He is depicted as dark-blue in color with nine faces, thirty-four arms, and sixteen legs. His main face is of a bull. He wears bone ornamens, and around his neck hangs a snake and a necklace of 51 heads. He holds a curved knife and a skull-cup, and tramples humans and animals, which symbolizes his victory over evil and ignorance. Sometimes Yamantaka is depicted as embracing his consort.

● 大威德金刚 / 夏鲁旺堆 绘

胜乐金刚

胜乐金刚属无上瑜伽部，被视为无上瑜伽部母续中的最高成就者。通常他的二臂或十二臂像都怀抱着金刚亥母，金刚亥母全身呈红色，象征着火焰和激情。他们一起象征着空性与极乐的结合。胜乐金刚身呈深蓝色，有四颗头，分别为黄色、蓝色、绿色、红色，头戴颅骨头饰，脖子上戴着五十一颗头颅串成的项链，背上披着大象皮，腰上围着虎皮裙。他手持金刚杵、金刚铃、骷髅碗、金刚索、头颅、尖刃、三叉戟、大鼓等，站立在日轮上脚踩着异教神。

བདེ་མཆོག

བདེ་མཆོག་ནི་རྣམ་འབྱོར་རྒྱུད་ཕོངས་ཀྱི་མ་རྒྱུད་ལས་བྱུང་བ་དང་དེའི་ཁྲོད་ཀྱི་རྟོག་པ་ཆེས་མཐོ་བའི་ལྷ་རུ་ངོས་འཛིན་གྱི་ཡོད། བདེ་མཆོག་ལ་དབུ་བཞི་ལྡན་ཞིང་དེ་དག་གི་ཁ་མདོག་ནི་སེར་པོ་དང་སྔོན་པོ། ལྗང་གུ། དམར་པོ་བཅས་ཡིན། ཁོང་གི་སྐུ་ནི་སྔོན་པོར་སྣང་ཞིང་རྐེད་པར་སྟག་ལྤགས་ཀྱི་ན་བཟའ་བཞེས་པ་དང་རྒྱབ་ཏུ་གླང་ཆེན་གྱི་ལྤགས་པ་བཞེས་པ། དབུ་སྐྱེང་དུ་ཐོད་པ་སྐྲས་པ། མགུལ་སྐྱེང་དུ་མི་མགོ་ལྔ་བཅུ་ལས་གྲུབ་པའི་མགུལ་རྒྱན་བཞེས་ཡོད། ཁོང་གི་ཕྱག་ཏུ་རྡོ་རྗེ་རྩེ་པ་དང་རྡོ་རྗེ་དྲིལ་བུ། ཐོད་པའི་ཕོར་པ། ཛ་ཆེན་སོགས་བསྣམས་ཤིང་ཉི་འཁོར་གྱི་སྟེང་དུ་བཞུགས་ཡོད། ནམ་རྒྱུན་ཁོང་གི་ཕྱག་གཉིས་སམ་ཕྱག་བཅུ་གཉིས་ཀྱི་སྐུ་འདྲ་ཚང་མས་དབུ་གཅིག་ཕྱག་གཉིས། ཞབས་གསུམ་དང་གཅེར་བུའི་གཟུགས་སུ་མངོན་པའི་རྡོ་རྗེ་ཕག་མོ་པང་དུ་ཉར་ཡོད། སྐུ་ཡོངས་དམར་པོར་སྣང་བ་དང་དེས་མེ་ལྕེ་དང་ཧུར་བརྩོན་མཚོན་ཞིང་། དེ་དག་མཉམ་དུ་སྟོང་ཉིད་དང་བདེ་བའི་བདག་ཉིད་མཚོན་པའོ།།

Samvara

Samvara belongs to the supreme yoga tantra. He is usually represented in two-armed or twelve-armed forms embracing his consort Vajravarahi (Dorje Pagmo in Tibetan). Vajravarahi is red in color and symbolizes flame and passion. They together symbolize the union of emptiness and bliss. Samvara has four faces colored yellow, blue, green, and red. He wears bone ornaments and a tiara of skulls, a necklace of 51 heads. He has a dark blue body and wears a tiger skin around his waist and an elephant skin across his back. His hands hold a Vajra, a bell, a skull cup, a noose, a head, a flaying knife, a trident, a drum, etc. He stands on a sun disc trampling pagan gods.

胜乐金刚 / 夏鲁旺堆 绘

密集金刚

密集金刚属无上瑜伽部。他被描绘成三面六臂，盘坐在莲花宝座上。他的身体和中间的脸为深蓝色，右脸和左脸分别为白色和红色。抱着一个同样有三面六臂的明妃，他们二人的手中持有金刚杵、金刚铃、宝剑、宝石、法轮、莲花。

གསང་འདུས།

གསང་འདུས་ནི་ནང་པ་སངས་རྒྱས་ཀྱི་ཡི་དམ་གྲས་ཤིག་ཡིན་ཞིང་། ཁོང་ཡང་དགེ་ལུགས་པའི་ཡི་དམ་གཙོ་བོའི་གྲས་ཀྱང་ཡིན། གསང་འདུས་ལ་ཞལ་གསུམ་ཕྱག་དྲུག་ལྡན་པ་དང་། ཁོང་གི་ཕྱག་ཏུ་རྡོ་རྗེ་རྩེ་པ་དང་རྡོ་རྗེ་དྲིལ་བུ། རྡོ་རྗེ་ཕ་ལམ། ཆོས་འཁོར་དང་མེ་ཏོག་པད་མ་སོགས་བསྣམས་ཤིང་པད་མའི་བཞུགས་ཁྲི་ཡི་སྟེང་དུ་བཞུགས་ཡོད། ནམ་རྒྱུན་ཁོང་གི་ཞལ་གསུམ་ཕྱག་དྲུག་གཟུགས་སུ་མངོན་པའི་གསང་ཡུམ་པང་དུ་ཉར་ཡོད།

Guhyasamaja

Guhyasamaja belongs to the supreme yoga Tantra. In Tibetan Buddhist art, he has three faces and six arms. He sits in the full-lotus posture on a lotus throne. His body and central face are dark blue in color. His right and left faces are white and red respectively. He holds a consort who also has three faces and six arms. Guhyasamaja and his consort hold a Vajra, a bell, a sword, a jewel, a Dharma-wheel, and lotus blossoms in their hands.

密集金刚 / 德庆旺久 绘

金刚瑜伽母

金刚瑜伽母代表空灵的女性智慧。其像周身红色，站于日轮上，脚踩异教神。上身赤裸，戴骨饰，脖子上戴着五十一颗头颅串成的项链，下身着裙。右手持弯刀，左手持骷髅碗，左肩上扛着密宗骷髅杖象征极乐的精髓。金刚瑜伽母也被描绘成踩着尸体跳舞的姿态。她的另一种表现形式被称为“金刚亥母”，其右耳上的小猪头是显著标志。

རྡོ་རྗེ་རྣལ་འབྱོར་མ།

རྡོ་རྗེ་རྣལ་འབྱོར་མ་ནི་མི་མངོན་པའི་བུད་མེད་ཀྱི་ཤེས་རབ་མཚོན་པ་ཡིན། སྐུ་མདོག་དམར་པོར་སྣང་ལ་ཟླ་བའི་དཀྱིལ་འཁོར་དུ་རྒྱ་གར་གྱི་ཆ་ལུགས་སུ་བཞུགས་ཡོད། སྐུའི་ཆ་སྟོད་དུ་དར་གོས་དང་རིན་ཆེན་ནོར་བུའི་རྒྱན་གྱིས་སྤྲས་ཡོད། ད་དུང་དཔུང་པ་གཡོན་མའི་སྟེང་གསང་སྔགས་ཀྱི་ཧུས་རྒྱུག་བསྣམས་ཡོད་པ་དེས་བདེ་བའི་མཐར་ཐུག་མཚོན་པ་ཡིན་ལ་ཁོང་གི་མངོན་ཚུལ་མི་འདྲ་བ་མང་པོ་ཡོད། དེའི་ནང་ནས་གཞན་ཞིག་ནི་རྡོ་རྗེ་ཕག་མོ་དེ་ཡིན་པ་དང་དེའི་རྒྱུ་མཚན་ནི་ཁོང་གི་སྙན་ཅོག་གཡས་པའི་སྟེང་དུ་ཕག་མགོ་ཆུང་ཆུང་ཞིག་ཡོད་པས་ན་དེ་ལྟར་མཚན་གསོལ་བ་ཡིན།

Vajrayogini

Vajrayogini personifies the female wisdom energy of emptiness. In Tibetan Buddhist art, she is red in color and stands on a sun disc crushing underfoot pagan gods. She wears a tiara, bone ornaments, a necklace of 51 heads and a skirt. She holds a curved knife in her right hand and a skull cup in her left hand. A tantric staff rests on her left shoulder symbolizing the essence of bliss. Vajrayogini can also be depicted as dancing upon a corpse. Another form is that of Vajravarahi with a small pig's head above her right ear.

● 金刚瑜伽母 / 夏鲁旺堆 绘

喜金刚

喜金刚是无上瑜伽密宗中一位重要的神，在噶举派和萨迦派修习中尤为重要。其像肤呈蓝色或深色，有八头、十六臂、四足，常拥抱明妃，与之共舞于莲花日轮上，脚下踩有四人，象征降服邪恶与无明。喜金刚着骨饰，头戴五骷髅冠，颈上戴由五十一颗头颅串成的项链。他的每只手都握一骷髅碗，右手的骷髅碗中有八种动物，左手的骷髅碗中有八位异教神。明妃身蓝色，着骨饰，单头两臂，头戴五骷髅冠，脖戴由五十一颗头颅串成的项链，手握骷髅碗和弯刀。

དགྱེས་པ་རྡོ་རྗེ།

དགྱེས་པ་རྡོ་རྗེ་ནི་གསང་སྔགས་བླ་མེད་རྣལ་འབྱོར་པའི་རྟེན་སྲུང་ཞིག་ཡིན་ཞིང་། བོད་བརྒྱུད་ནང་བསྟན་གྱི་བཀའ་བརྒྱུད་དང་ས་སྐྱའི་ལུགས་སུ་དེས་གནས་བབ་ངེས་ཅན་བཟུང་ཡོད་ལ་སྐུ་མདོག་དང་རྩ་ཞལ་སེར་པོ། ཞལ་གཞན་རྣམས་མདོག་སྔོན་པོ། དབུ་བརྒྱད་ཕྱག་བཅུ་དྲུག ཞབས་བཞི་བཅས་ལས་གསང་ཡུམ་འཛིན་པ། དེ་ནས་པད་མ་ཉི་འཁོར་ལས་ཞབས་འོག་ལ་དམ་སྲི་བཞི་དེ་དག་གིས་གདོན་དང་མ་རིག་པ་སེལ། དགྱེས་པ་རྡོ་རྗེ་རུས་པས་བརྒྱན་ཞིང་། ཐོད་ཞྭ་ལྔ་དང་མཇིང་པར་ཀ་པ་ལི་ལྔ་བཅུ་ང་གཅིག་བསྐོར་ཡོད། ཕྱག་རེ་ལ་ཀ་པ་ལི་ཡི་ཕོར་པ་རེ་འཛིན་པ་དང་། ཕྱག་གཡས་ཀྱི་ཀ་པ་ལ་ནང་དུ་སྲོག་ཆགས་བརྒྱད་དང་ཕྱག་གཡོན་དུ་ལྷ་མིན་བརྒྱད་བཅས་འཛིན་པ། གསང་ཡུམ་གྱི་སྐུ་མདོག་སྔོ་ལ་རུས་པས་བརྒྱན་པ། ཞལ་གཅིག་ཕྱག་གཉིས། ཐོད་ཞྭ་ལ་ཀ་པ་ལི་ལྷས་བརྒྱན་ཞིང་། སྤྲུལ་གྱི་སྐེ་རྒྱན་དང་ཀ་པ་ལི་ང་གཅིག་གིས་བསྐོར་ཡོད། ཕྱག་ལ་རལ་གྲི་དང་ཀ་པ་ལི་ཡི་ཕོར་པ་འཛིན་པ། མདུན་གྱི་ཕྱག་གཉིས་མདོག་སྔོན་པོ་གསང་

Hevajra

Hevajra is another important deity in the supreme yoga tantra and is particularly practiced in the Kargyupa Sect and the Sakyapa Sect. He is shown dark blue in color with eight faces, sixteen arms, and four legs. He usually embraces his consort and together they dance on a lotus sun disc, trampling four humans, which symbolizes his victory over evil and ignorance. Hevajra wears bone ornaments, a tiara of five skulls, and a necklace of 51 heads. In each of his sixteen hands he holds a skull cup. The skull cups in the right hands contain eight animals and those in the left hands eight pagan gods. His consort is also blue. She has one face and two arms and holds a skull-cup and a curved knife. She wears bone ornaments, a tiara of five skulls, and a necklace of 51 heads. They are encircled by flames. Hevajra may also be portrayed in a two-armed form.

喜金刚 / 旺加 绘

时轮金刚

时轮意为时间之轮。在藏传佛教艺术中，时轮金刚有四头、二十四臂、二足，中央面孔为深蓝色，右一面为红色，左两面为白色与黄色，右脚为红色，左脚为白色，二足踩着异教神。时轮金刚的下八臂为深蓝色，中间八臂为红色，上八臂为白色。头顶髻以金刚杵为饰，上着天衣，下围虎皮裙，佩戴各种宝璎珞。他常怀抱明妃，明妃身呈黄色，有两头或四头、八臂。时轮金刚和明妃的表情都是似嗔似喜，拥抱在一起代表智慧方法双运。

དུས་འཁོར།

དུས་འཁོར་གྱི་དུས་ནི་ད་ལྟ་གཅིག་པུ་མིན་པར་དུས་འདས་པ་དང་ད་ལྟ། མ་འོངས་བཅས་ཀྱི་དངོས་པོ་མཐའ་དག་གི་འགྱུལ་བསྐྱོད་ལ་ཟེར། འཁོར་ནི་དུས་ཀྱི་འཁོར་བ་ཙམ་མ་ཡིན་པར་དགའ་ཚོར་སྐྱོང་བ་རྟོགས་པ་ལ་ཡང་ཟེར། དུས་འཁོར་གྱི་དབུའི་སྟེང་ན་རྡོ་རྗེ་བརྣམས་ཡོད་པ་དང་དབུ་བཞི། ཕྱག་ཉི་ཤུ་རྩ་བཞི་དང་ཞབས་གཉིས་བཅས་ཡོད། ཞལ་དབུས་ནི་སྔོ་མདོག་དང་ཞལ་གཡས་ནི་དམར་པོ། གཡོན་ཞལ་གཉིས་ཀྱི་མདོག་ནི་དཀར་སེར་ཡིན། ཕྱག་འོག་མ་བརྒྱད་ནི་ཁ་མདོག་སྔོན་པོ་དང་དཀྱིལ་མ་བརྒྱད་ནི་དམར་པོ། གོང་མ་བརྒྱད་ནི་དཀར་པོ་བཅས་ཡིན། མདུན་གྱི་ཕྱག་གཉིས་ནང་སྐུ་མདོག་སེར་པོའི་གསང་ཡུམ་བསྣམས་ཡོད་ལ་ཞབས་གཉིས་ཀྱི་འོག་ན་རྒྱ་གར་གྱི་ལྷག་པའི་ལྷ་གཉིས་དང་གསང་ཡུམ་བསྣན་ཡོད་པ་རེད།

Kalachakra

Kalachakra is the deity of "wheel of time". He is usually depicted as a deity with four faces, twenty-four arms, and two legs. He wears a tiger skin around his waist, golden ornaments, a Vajra hairpin, bracelets, a bell and a necklace. His body and central face are dark blue in color, his right face is red and two left faces are white and yellow. His right leg is red and left is white. His two feet trample on pagan gods. Kalachakra's eight lower arms are dark blue, the eight middle arms are red, and the eight upper arms are white. Each hand holds a symbolic tantric implement. He embraces his consort with his two principal arms and holds a Vajra and a bell in these two hands. His consort is golden in color and has two or four faces, and eight arms. The expressions of kalachakra and his consort are amix of scowling and smiling, and their combination represents the union of wisdom and emptiness.

时轮金刚 / 石达 绘

马头明王

马头明王是观音菩萨的愤怒相，有几种显身像，是密宗里降除邪魔的守护神。马头明王常见的造像有三面、六臂、四足，身红色，右脸为白色，左脸为绿色。头戴颅骨头饰，脖上戴五十一颗头颅串成的项链，身披动物皮，腰围虎皮裙，并长有一对展开的大鹏鸟翅膀。手持莲花、骷髅碗、绳索、剑、斧和骷髅杖。常怀抱明妃，明妃穿豹皮，手持骷髅碗和莲花，他们共同站于日轮上，脚踩异教神。马头明王可通过头顶上的一颗或三颗马头辨别出来。

རྟ་མགྲིན།

རྟ་མགྲིན་ནི་སྤྱན་རས་གཟིགས་ཁྲོ་བའི་སྣང་བརྙན་ཡིན་ལ་ཁོང་ལ་རྣམ་པ་མི་འདྲ་བ་མང་པོ་ཡོད་དེ་གསང་སྔགས་གཞུང་དུ་ཁོང་ནི་ལྷ་སྲིན་དམ་ལ་བཏགས་པའི་སྲུང་མ་ཡིན། ཞལ་གསུམ་ཕྱག་དྲུག་ཞབས་བཞི་དང་ལྡན་ཞིང་སྐུ་མདོག་དམར་ལ་ཞབས་གཡས་གཡོན་སོ་སོར་མདོག་དཀར་པོ་དང་ལྗང་ཁུ་ཡིན་པ་དང་སྐུའི་ཆ་བྱད་རིན་ཆེན་དར་གོས་ཀྱིས་བརྒྱན། མགུལ་དང་ཕྱག་སོགས་སུ་རིན་ཆེན་ནོར་བུའི་རྫས་བསྣམས་ཡོད། ནམ་རྒྱུན་ལྷ་ཁང་དང་ཞལ་ཐང་། ལྡེབས་རིས་སོགས་སུ་ཉི་འཁོར་གྱི་སྟེང་དུ་བཞུགས་ཡོད་པ་མ་ཟད་དབུའི་རྩེར་རྟ་མགོ་གཅིག་གམ་གསུམ་ཡོད་པས་དེ་ལས་ང་ཚོས་རྟ་མགྲིན་ངོས་འཛིན་བྱེད་ཐུབ་པ་ཡིན།

Hayagriva

Hayagriva is a wrathful manifestation of Avalokitesvara. He has several forms and functions as both a powerful protector against evil spirits and a deity in tantric practice. His common image has three faces, six arms, and four legs. His body is red, his right face is white and his left face is green. He wears a tiara of five skulls, and a necklace of 51 heads. He wears a tiger skin around his waist, and across his back are animal skins and the unfurled wings of a garuda (a mythical bird). He holds a lotus blossom, a skull cup, a noose, a sword, an axe, and a tantric staff. Sometimes he embraces his consort who wears a leopard skin and holds a skull cup and a lotus blossom. Together they stand on a sun disc and trample pagan gods. Hayagriva can be identified by one or three horse heads that protrude from the top of his head.

● 马头明王 / 扎西 绘

吉祥天母

吉祥天母是藏传佛教中最为重要的女性保护神之一，被称作“班丹拉姆”，是格鲁派两位重要的护法神之一。据相关史书记载，吉祥天母起初是印度教的女神，公元 7 世纪被松赞干布引进并成为大昭寺内佛祖释迦牟尼像的保护神。在藏传佛教艺术中，吉祥天母全身深蓝色，怒相脸上长有三只眼睛。她通常骑在一头有三只眼睛的骡子上，骡子的第三只眼睛长在后腰部，这头骡子能在三界中自由行走，因此吉祥天母也被叫作“三界之主”。她右手握长叉，左手捧骷髅碗，头上覆盖孔雀毛。吉祥天母右耳上有一头小狮子，象征着听佛法圣经。左耳上挂着一条小蛇，意为愤怒。吉祥天母腰上挂着一本账簿，相传记载人类所做的孽。

དཔལ་ལྡན་ལྷ་མོ།

དཔལ་ལྡན་ལྷ་མོ་ནི་ནང་ཆོས་ཀྱི་སྲུང་མ་ཞིག་ཡིན་པ་མ་ཟད་དགེ་ལུགས་པའི་སྲུང་མ་གཙོ་བོ་ཞིག་ཀྱང་ཡིན། དཔལ་ལྡན་ལྷ་མོ་ནི་རྒྱལ་དབང་སྐུ་ཕྲེང་རིམ་བྱོན་གྱི་ཡང་སྲིད་ངོས་འཛིན་བྱེད་པའི་སྐབས་སུ་དམིགས་བསལ་གྱི་ནུས་པ་འདོན་མཁན་གྱི་ལྷ་མོ་བླ་མཚོའི་སྲུང་མ་ཡིན། ཕྱི་ལོའི་དུས་རབས་བདུན་པའི་ནང་ཆོས་རྒྱལ་སྲོང་བཙན་སྒམ་པོས་ར་ས་འཕྲུལ་སྣང་གཙུག་ལག་ཁང་གི་སྲུང་མར་ངོས་འཛིན་བྱས་པ་དང་། ཁོང་གི་སྐུ་མདོག་སྔོ་ནག་དང་དྲག་པོའི་ཞལ་སྟེང་ན་སྤྱན་གསུམ་ལྡན་ཡོད། དུས་རྒྱུན་དུ་དཔལ་ལྡན་ལྷ་མོ་ནི་སྤྱན་གསུམ་ཡོད་པའི་དྲེལ་ཞིག་བཞོན་ཡོད་པ་སྟེ། བཤད་སྲོལ་ལ་དྲེལ་ས་གསུམ་ཀུན་ལ་རང་དབང་གིས་བགྲོད་ཐུབ་ཀྱི་ཡོད་པས་ཁོང་ཉིད་ལའང་ས་གསུམ་

ཀུན་གྱི་བདག་པོ་ཞེས་འབོད་སྲོལ་ཡང་ཡོད། ཕྱག་གཡས་པའི་ནང་སེར་དབྱུག་རིང་པོ་ཞིག་ཀྱང་བསྣམས་རྒྱུ་ཡོད་པ་རེད།

Shri Devi

Shri Devi (Pelden Lhamo in Tibetan) is an important female protector in Tibetan Buddhism. She is one of the two most important protectors in the Gelugpa Sect. Originally, she was a goddess of Hinduism, and in the 7th century, the Tubo ruler Songtsen Gampo introduced her to Lhasa as a protector of the Jokhang Temple. She is described as dark blue in color. There are three eyes in her wrathful face. She usually rides a mule with three eyes, and one of the eyes is on its rump. It is said that the mule can travel freely to the above-world, the mortal-world, and the under-world, therefore Shri Devi is also called the head of the three worlds. She holds a long-handled club in her right hand and a skull cup full of blood in her left hand. There is a canopy of peacock feathers over her head. A small lion hangs from her right ear, which symbolizes her attention to Buddhist scriptures, while a small snake hangs from her left ear, which symbolizes her wrathful nature. There is an account book on her waist recording bad things done by human beings.

● 吉祥天母 / 夏鲁旺堆 绘

多吉扎丹护法神

多吉扎丹是乃琼寺的护法神，和吉祥天母并称格鲁派红、黑两大护法神。在过去，旧西藏地方政府做重要决定前，会向多吉扎丹护法神请教，听取该神的建议。在这个过程中起着代言作用的是“乃琼神谕者”，他通过被多吉扎丹护法神附体的方式传达该神的旨意。多吉扎丹护法神身穿盔甲，随身佩剑，给人以威严的印象。

རྡོ་རྗེ་གྲགས་ལྡན།

གནས་ཆུང་དགོན་གྱི་སྲུང་མ་གཙོ་བོ་ཞིག་ཡིན་ཞིང་རྡོ་རྗེ་གྲགས་ལྡན་དང་དཔལ་ལྡན་ལྷ་མོ་གཉིས་ནི་བོད་བརྒྱུད་ནང་བསྟན་གྱི་དགེ་ལུགས་པའི་སྲུང་མ་གཙོ་བོ་གཉིས་ཡིན་པས། དགེ་ལུགས་པའི་སྲུང་མ་དམར་ནག་ཅེས་འབོད། སྔར་གྱི་གོམས་ལུགས་བཞིན་ས་གནས་སྲིད་གཞུང་ནས་བཀས་བཅད་པ་ལྟར་ཏཱ་ལའི་བླ་མ་དང་ཁོང་གི་འཁོར་གཡོག་རྣམས་ནས་ཁོང་ལ་བཀའ་སློབ་ཞུས་པ་དང་ཆབས་ཅིག་བཀའ་ལ་བརྩི་སྲུང་ཞུ་དགོས་པ་ཡིན། དེའི་རྒྱུད་རིམ་ནང་བཀའ་ལུང་གི་ཕན་ནུས་ལྡན་པ་ནི་གནས་ཆུང་ཆོས་སྐྱོང་ཡིན། ཁོང་ལ་དེའི་ལུང་བསྟན་གྱི་བཀའ་ཆོས་གནང་བའི་ནུས་མཐུ་དང་དེ་བརྒྱུད་སྤྲོད་བྱེད་པའི་ནུས་པ་ལྡན་པར་བཤད།

Dorje Drakden

Dorje Drakden is a protector in the Nechung Monastery not far away from the Drepung Monastery. Dorje Drakden (red) and Shri Devi (black) are the two most important protectors of the Gelugpa Sect. In old Xizang, the local government would consult with Dorje Drakden on all important decisions with the help of Nechung Oracle who was possessed by Dorje Drakden and played the role of a mouthpiece during the consultation. Dorje Drakden wears armor and carries a sword, giving the impression of majesty.

多吉扎丹护法神 / 夏鲁旺堆 绘

持国天王

“持国”意为慈悲为怀，保护众生，护持疆土。持国天王是四大天王之一的东方天王，负责守护东胜神州。四大天王常常被供奉在寺院入口处。持国天王像身呈白色，手持琵琶，表示要用音乐使众生皈依佛教。

ཡུལ་འཁོར་སྲུང་།

ཡུལ་འཁོར་སྲུང་ཞེས་པར་བྱང་སེམས་དང་ལྡན་པ། སེམས་ཅན་ལ་འཚེ་བ་མེད་པ། ཡུལ་སྲུང་བཅས་ཀྱི་དོན་ལྡན་པས་ཡུལ་འཁོར་སྲུང་ཟེར་ཞིང་། རྒྱལ་ཆེན་རིགས་བཞིའི་ནང་ནས་ཤར་ཕྱོགས་ཀྱི་མངའ་བདག་ཡིན་ལ་གཙོ་བོར་ཤར་ལུས་འཕགས་པོའི་རྟེན་སྐལ་ཡིན། རྒྱལ་ཆེན་གྱི་སྐུ་མདོག་དཀར་ལ་ཕྱག་ལ་པི་ཝང་བསྣམས་པས་རོལ་མོ་ལ་བརྟེན་ནས་སངས་རྒྱས་ཀྱི་ཆོས་གསུངས་པ་ཡིན་ཟེར།

Dhritarashtra

Dhritarashtra is one of the Four Guardian Kings, the Guardian King of the East. The Four Guardian Kings are always found at the entrance of monasteries. Dhritarashtra means “compassion” which implies that he is compassionate to all sentient beings and has the sense of responsibility to protect the eastern continent. In Tibetan Buddhist art, he is white in color, and plays a lute, and through music he attracts all sentient beings to follow the Dharma.

持国天王 / 落桑次仁 绘

增长天王

“增长”意为能令众生增长智慧和善根，护持佛法。增长天王是四大天王之一，负责守卫南瞻部洲。增长天王像身呈青色，穿甲胄，手握宝剑，象征保护佛法不受侵犯。

འཕགས་སྐྱེས་པོ།

ལྷ་ཉ་རྒྱལ་པོ་ཆེན་པོ་འཕགས་སྐྱེས་པོ་ནི་རྒྱལ་ཆེན་རིགས་བཞིའི་གྲས་སུ་ཚུད་ཅིང་། ལྷོ་འཛམ་བུ་གླིང་ལ་ཆོས་སྐྱོང་གནང་བ། དར་དང་རིན་པོ་ཆེའི་རྒྱན་ཐམས་ཅད་ཀྱིས་ཡོངས་སུ་བརྒྱན་པ་དང་། དཔའ་ཞིང་བརྗིད་ལ་བཟོད་པར་དཀའ་བའི་གཟི་འོད་ཅན་རིན་པོ་ཆེའི་ཡ་ལད་གསོལ་ཞིང་། ཡིད་བཞིན་གྱི་ནོར་བུའི་ཅོད་པཎ་དང་བཅས་པའི་ཟེའུ་ཁ་ལ་སོགས་པ་འཁོར་ཡོལ་བསྐོར་བའི་ཆ་ལུགས་ཡོངས་སུ་རྫོགས་པ་དང་རིན་པོ་ཆེའི་ཁྲི་དང་མ་ཧེའི་གདན་ལ་བཞུགས་པའོ།།

Virudhaka

Virudhaka is one of the Four Guardian Kings, the Guardian King of the South. He helps all sentient beings increase knowledge and become kind-hearted. In Tibetan Buddhist art, he is blue in color, wears armor, and holds a sword in his hand to protect the Dharma.

增长天王 / 落桑次仁 绘

广目天王

佛教藏文文献中“广目”意为能以净天眼随时观察世界，护持众生。广目天王是四大天王之一，负责守卫西牛贺洲。广目天王像全身红色，一面二臂，面部作愤怒相，象征法力高强。头戴蛇盔，肩披飘带，身穿护身甲。一手抓蛇（也称龙索），用来捆绑破坏佛法者。另一手手持宝塔。

སྤྱན་མི་བཟང་།

རྒྱལ་ཆེན་རིགས་བཞི་ལས་ཁོང་ནི་ནུབ་ཀྱི་རྒྱལ་པོ་ཆེན་པོ་སྤྱན་མི་བཟང་དུ་འབོད། མང་ཆེ་བར་ལྷ་ཁང་དང་དགོན་སྡེའི་གཟིམ་སྒོའི་རྒྱལ་སྲུང་དུ་འཁོད་པ་ཡིན། བརྩེ་བའི་སྤྱན་གྱིས་འཇིག་རྟེན་ཁམས་སུ་གཟིགས་པར་གསུངས་ཤིང་སྐུ་དམར་པོ་ལ་ཞལ་གཅིག་ཕྱག་གཉིས་སུ་སྣང་བ། ཕྱག་གཅིག་ཏུ་སྦྲུལ་ཞགས་འཛིན་པ། ཕྱག་གཞན་དུ་རིན་པོ་ཆེའི་མཆོད་རྟེན་འཛིན་ཅིང་དེ་ལ་གཟིགས་པ། དཔའ་ཞིང་བརྗིད་ལ་བཟོད་པར་དཀའ་བའི་གཟི་འོད་ཅན། རིན་པོ་ཆེའི་ཁྲི་ཕྱོག་ཏུ་བཞུགས་པའི་སྣང་བརྙན་དུ་མཐོང་།

Virupaksha

Virupaksha is the Guardian King of the West. He observes the world at all times with his pure eyes and protects all sentient beings. In Tibetan Buddhist art, he is red in color and has one face and two arms. His face is wrathful, symbolizing his strong power. He wears a snake hat and a suit of armor. one of his hands holds a snake called "snake rope" which is used to tie those who try to destroy the Dharma, while the other hand holds a stupa.

● 广目天王 / 落桑次仁 绘

多闻天王

多闻天王是四大天王之一，负责守卫北俱芦洲，也被尊为佛教财富之神。多闻天王像身金黄色，一面两臂，右手持胜利幢，左手持能吐出各种珍宝的吐宝兽，有时骑白狮坐骑立于莲花月轮上。

རྣམ་ཐོས་སྲས།

རྣམ་ཐོས་སྲས་ནི་རྒྱལ་ཆེན་རིགས་བཞིའི་གྲས་སུ་ཚུད་ཅིང་། བྱང་སྒྲ་མི་སྙན་གྱི་གླིང་དུ་ཆོས་སྐྱོང་མཛད་བཞིན་མཆིས། བྱང་རྣམ་ཐོས་སྲས་ནི་སྐུ་མདོག་སེར་ལ་ཞལ་གཅིག་ཕྱག་གཉིས་ཀྱི་སྐུ་བརྙན་བཞུགས་ཡོད། ཕྱག་གཡས་ལ་རྒྱལ་མཚན་དང་ཕྱག་གཡོན་ལ་གཏེར་གྱི་ནེའུ་ལེ་འཛིན་པ། སྐབས་རེ་སེང་གེ་དཀར་པོར་ཆིབས་ནས་པདྨའི་ཟླ་བའི་འཁོར་ལོར་བཞུགས་སོ།།

Vaishravana

Vaishravana is the Guardian King of the North and the Buddhist god of wealth. He is sometimes shown riding on a white lion which stands on a moon disc. He is golden in color and has a plump figure. In his right hand he holds a silk banner of victory and his left hand holds a mongoose that vomits jewels.

多闻天王 / 落桑次仁 绘

参考书目

1. 东噶·洛桑赤列．东噶藏学大辞典．北京：中国藏学出版社，2002.

2. 杜飞豹．西藏旅游指南．北京：中国旅游出版社，2000.

3. 贺中，庄严．西藏旅游探险手册．拉萨：西藏人民出版社，1999.

4. 黄明信．吐蕃佛教．北京：中国藏学出版社，2010.

5. 金申．喇嘛庙—佛的世界．成都：四川民族出版社，1993.

6. 廖东凡，耿军，卢小飞．漫游西藏．拉萨：西藏人民出版社，2000.

7. 龙仁青．六世达赖仓央嘉措情歌及秘史．拉萨：西藏人民出版社，2003.

8. 尼玛普赤，索朗旺姆．西藏导游英语．北京：民族出版社，2014.

9. 石硕．藏族族源与藏东古文明．成都：四川人民出版社，2001.

10. 索南坚赞．西藏王统记．刘立千，译注．北京：民族出版社，2002.

11. 亚当斯·贝克夫人．释迦牟尼的故事．赵炜征，译．西安：陕西师范大学出版社，2007.

12. 杨铭．吐蕃统治敦煌与吐蕃文书研究．北京：中国藏学出版社，2008.

13. 哲伦·旺堆．藏汉英对照小词典．北京：民族出版社，1994.

14.Han, Y., Chen, X. (1988). Tibetans on Tibet. Beijing: China Reconstructs Press.

15.Mayhew, B., Bellezza, J. V., Wheeler, T., & Taylor, C. (1999). Tibet. Australia: Lonely Planet Publications Pty Ltd.

16.Tiley Chodag. (1988). Tibet: The Land and the People. Beijing: New World Press.

17.Wang, F., Suo, W. (1984). Highlights of Tibetan History. Beijing: New World Press.

བོད་བརྒྱུད་ནང་བསྟན་གྱི་རྒྱན་མཐོང་སྐུ་བརྙན་མཚམས་སྦྱོར་བསྡུས་གསལ།

རྩོམ་སྒྲིག་པ།	ཉི་མ་བུ་ཁྲིད།
བོད་ཡིག་ཏུ་སྒྱུར་མཁན།	ཨོ་རྒྱན་རྒྱལ་མཚན།
རྩོམ་སྒྲིག་འགན་འཁུར་བ།	རྡོ་སྤྲིས་ཚེ་རིང་རྡོ་རྗེ།
ཞུ་དག་འགན་འཁུར་བ།	བསྟན་འཛིན་དོན་གྲུབ།
ཁ་ཕོག་རྣམ་འགོད།	ལི་ཧྲུང་།
པར་འདེབས་འགན་འཁུར་བ།	བཀྲ་ཤིས་བསམ་གྲུབ།
དཔེ་སྐྲུན་འགྲེམས་སྤེལ་ཚན་པ།	བོད་ལྗོངས་མི་དམངས་དཔེ་སྐྲུན་ཁང་། (ལྷ་ས་གླིང་སྐོར་བྱང་ལམ་སྒོ་ཨང་20པ།)
པར་འདེབས་ཚན་པ།	བོད་ལྗོངས་ཕན་བདེ་པར་འདེབས་བཟོ་གྲྭ།
དེབ་ཚད།	787 × 960 1/ 16
དཔར་ཤོག	8.25
ཡིག་གྲངས།	ཁྲི་7.6
པར་གཞི།	2025ལོའི་ཟླ་5པར་པར་གཞི་1བསྒྲིགས།
དཔར་ཐེངས།	2025ལོའི་ཟླ་5པར་པར་ཐེངས་1བཏབ།
དཔར་གྲངས།	01-2,000
དཔེ་དེབ་ཨང་རྟགས།	ISBN 978-7-223-06954-0
བཅད་གོང་།	སྒོར་38.90